AMOR, CAFÉ, TABACO Y CHANEL...

Esta es la Historia de Don Horacio, sus tres hijas y el café.

Donde la necesidad de vivir luchó hasta el final contra la muerte, la razón contra el corazón y la verdad verdadera sobre la ley.

Esta es la verdad de María Mercedes.

Capítulo I

TODO COMENZÓ

Quien lo iba a creer, la hija de Don Horacio y Doña Isabel, la bonita, María Mercedes, había terminado su Educación Superior. Cuantas noches de estudio por fin se veían materializadas en lo que mas soñó, que sus padres como su única razón de vivir la vieran recibir del Rector de la Universidad su título Universitario, quien lo creería es la primera de su familia que llega tan lejos.

Día soleado, mediados de Agosto, traje ceñido a la cintura, Color negro con chal bordado de Color dorado, su madre se lo había comprado en un viaje a México pensando en la ocasión. Zapatos Channel negros, la ocasión no amerita menos, tacón fino, Don Horacio es su eterno enamorado, su fan mas grande, su motivación y nada puede dañar ese momento.

Por un momento hace memoria y comienza a agradecer desde el fondo de su alma a todas las personas que la acompañaron durante tanto tiempo, muchos a su lado, otros ya no están, antes conocidos, después amigos, ahora colegas, risas y juegos, nervios a millón, ya va a comenzar el acto, nada puede opacar su felicidad, es su momento, por eso ha luchado, sentados observándola están Don Horacio, Doña María y sus dos hermanas.

Se desconcentra, llega a su memoria, Ricardo, cómo no recordar, el primer día que lo vio, ahí iba él, caminando bajo la lluvia, tatuado, sin afeitarse pero feliz, ese olor a Colonia a las 7 de la mañana era inolvidable, ella esperando el aventón para llegar a la Facultad, ese día Don Horacio no pudo llegar de la finca. Ricardo la miró de arriba abajo y le dijo, permiso, buenos días. La facultad no daba tiempo para mucho, quien era? donde viviría?, el tiempo le respondió, era el sobrino de Don Jaime, había dedicado su vida no con mucho éxito a las bandas de Rock, su madre había fallecido siendo aun muy chico y había quedado a la deriva hasta el día que Don Jaime lo recogió en su casa, su conducta de poco bien daba poco de que hablar, alcohol, fiesta mujeres, era un vago, pero era lindo, no había día en que no se vistiera bien, que no se combinara perfectamente. Como olvidar el día que Don Horacio enfermó y Ricardo escuchando los gritos de las cuatro mujeres de la casa entró y lleno de fuerza y valentía lo alzó y en brazos lo llevó al coche y de allí al hospital.

Como olvidar esa noche de lluvia, la noche que sus amigas la embriagaron, que horror, no podía ni caminar, el mundo giraba la intoxicación fue de otro nivel, ahí estaba Ricardo, recostado a la pared debajo del techo y mirándole de arriba a abajo le dijo, ¿Hija que te pasó? Como le molestaba a María Mercedes que Ricardo le dijera hija, si supiera que ya era toda una mujer, pero nunca olvidará la respuesta que le dio, ¡No me pasa nada!, y entre balbuceos y sollozos, le gritó estoy enamorada! , Ricardo entendió que estaba muy alcoholizada como para perder tiempo con esa chiquilla y le tomó de un brazo la acompañó a la puerta de su casa y le dijo "**vete a dormir, hace mucho frio para tan bella dama**".

Ya va a comenzar el acto, no falta nada, ordenan que se formen para entrar al Teatro, el Paraninfo está espectacular, entran y se sientan, comienza el acto, las Autoridades Universitarias ingresan y toman sus puestos, suena el Himno Nacional, el Rector comienza su discurso y en el momento más emotivo expresó "**En tiempos de amores idealizados, de relaciones de una noche y de un perfeccionismo mal entendido, las verdaderas relaciones cara a cara o *face to face* ya casi no existen**..." otra vez recordó a Ricardo, como olvidar esa noche, con la excusa de una discusión acalorada con Doña Isabel, le invitó un trago, que se convirtieron en diez, que buenas estuvieron esas Sangrías, ese bar tenía algo mágico, era un ambiente clásico, pero, al mismo tiempo inteligente y sexy, estaba decorado con elementos del cubismo inglés y del arte irlandés contemporáneo, él feliz por ese ambiente y ella por la compañía, nada como esos puff, parecía estar en el cielo, como olvidar cuando le dijo bailamos y ella segura pero nerviosa le dijo sí, sonaba "**Shape Of My Heart**" Ricardo la tatareaba en un Ingles mal pronunciado ella si sabía lo que decía "**Y si te digo que te amo, Tal vez pienses que algo malo pasa, No soy un hombre de varias caras, La máscara que uso es una**" voló por un instante, sería que se la cantaba a ella o lo hacía mecánicamente, volvieron a la mesa, conversaron de trivialidades se recordaron de mejores tiempos, de la primera vez que se vieron, del día que Don Horacio persiguió a Ricardo con una pistola pensando que era un ladrón que trataba de entrar por el jardín y era que se había quedado dormido por el alcohol a la intemperie o el día que Ricardo asumió estoicamente que estaba besando a la mejor amiga de su hermanita menor frente a su Mama para evitar que se enterara que la niña menor y su mejor amiga eran pareja, eran tantas cosas y el momento tan mágico que no aguantó y le robó un beso, la cara de Ricardo era un poema, sus ojos le brillaban, los labios le temblaban y aunque no era capaz de decirle nada, sus manos se posaron sobre sus rodillas y poco a poco comenzaron a subir, no sabe si fue el susto, las sangrías o los nervios, pero María empezó a ver borroso y le pidió que parara, Ricardo accedió y solo le dijo algo que nunca olvidará "**se que vas a ser para mí**".

Llega el momento del discurso de la mejor alumna y el orador de orden, con el ceremonial de estilo, solicita a dos bachilleres que acompañen al Paraninfo a la bachiller María Mercedes como mejor promedio para que de su discurso, que difícil fue redactarlo, que fácil es memorizar, que sencillo es aplicar principios, que difícil es dejar que el alma se plasme en palabras que reflejen todo lo que se quiere decir, Pitágoras, la República, el Código de Ética adornaron el discurso, pero el momento personal fue cuando expresó **"Recordemos siempre que, en ocasiones, la vida nos enseña que el amor, como realidad, no toca a todos y que el amor es el privilegio de unos cuantos, por eso ivamos a luchar por el amor!"** el teatro de puso de pie, don Horacio también, todos lloraron era el fin de una etapa, el comienzo de otra.

El orador de orden, solicita silencio al público asistente, orden por favor grita varias veces, el público hace silencio absoluto, el Rector indica que el acto ha culminado, suena el **Gaudeamus Igitur**, como olvidar esa estrofa tan especial **"Nuestra vida es corta, en breve se acaba. Viene la muerte velozmente, nos arrastra cruelmente, no respeta a nadie"** y en ese instante otra vez la mente, otra vez Ricardo, la noche antes del grado la llamó por teléfono y en una gran ebriedad le dijo "**...se que mañana te gradúas, se que mañana te pierdo...**" "**...tus padres no me quieren, tu no me amas...**" y ella le respondió, parece que no me conoces, él le dijo "**...soy muy poco para ti eres una ante mí y otra ante tu familia**...", ella le respondió entre cansada por lo tarde de la hora y enamorada por lo que estaba escuchando, si quieres saber la verdad oye a Sting.

Terminó el acto, todos se abrazan, lloran, los fotógrafos buscaban las mejores poses, no hay motivo para no pensar en nada que no sea eso, hoy ella es la dueña del mundo, hoy la hija de Don Horacio es feliz, la enamorada de Ricardo no cree en nadie.

"Hay quien deja huella y hay quien marca el camino."
Elvira Sastre

LA RECEPCION

Don Horacio no podía dejar pasar esta oportunidad, se graduaba su primer amor, que difícil fue luchar contra una sociedad machista que juzgaba a cada instante como el empresario exitoso dejaba su oficina para ir a jugar muñecas o al salón de belleza con su hija, como disfrutaba cambiar pañales, como esperaba ansioso la hora de bañarla, para él su mundo se había partido en dos, antes y después del nacimiento de María Mercedes.

El mejor salón de la ciudad, María Mercedes de negro sobrio, era el centro de todo, Don Horacio con Smoking y Doña Isabel con traje de gala, las hermanas muy elegantes pero como siempre, Bella su hermana menor, de pantalones, aunque le quedaban bien porque el conjunto era lindo. Asistentes sus amigos, familiares, la abuela y sus vecinos, era lo que ella quería y Don Horacio no escatimó en complacer a su esposa, esa noche tenía que ser perfecta. Comenzaron a llegar los invitados, el Whiskey no paró de circular toda la noche, la música a la altura del evento, las tapas y la comida no tenían comparación con nada conocido, la noche era única, la noche era mágica, era la noche de María Mercedes.

Estaba intranquila, no lo había visto, ella misma les llevó la invitación, como no iban a asistir o seria que se había ilusionado sola, pero si era así para que la llamó, por qué le reclamó, en que pensaba. Saludando a unos y otros sintió que la observaban y delicadamente giró hacia la puerta y sintió un vacio como esos que parten el alma, Don Jaime y su señora llegaron a la recepción, jocosamente reían con Don Horacio, pero Ricardo no estaba, que dolor tan grande, la había engañado, seguro Don Jaime le había dicho que con barba y sin traje no podía ir a la recepción, era traje formal, ese era el código de vestimenta de la noche, que mal se sintió, sino era capaz de arreglarse aunque fuera por una noche, la noche más importante de su vida, no sería capaz de arreglarse para la vida.

En un instante de esos en lo que se quedaba dubitativamente pensando, en que iba a hacer, se acercó Caridad su hermana la del medio, ven le dijo, mi Madre te llama, ahí estaba Don Rodrigo con su familia, era un grupo familiar muy bonito, él, su esposa, sus dos hijas menores y su hijo mayor, el Abogado, era Andrés su nombre, cómo no recordarlo, si Don Horacio confiaba ciegamente en lo que ese joven le recomendaba y eso que Don Horacio antes de preguntarle a él ya había consultado a otros dos más, pero había algo que le gustaba al viejo, quizás era las ganas de surgir del joven Abogado o su irreverencia ante las situaciones a las que se enfrentaba, igual María Mercedes no olvidaba la razón por la cual no simpatizaba mucho con él, como olvidar el día que ella se le acerco en la Universidad buscando con quien hablar y como excusa se le ocurrió preguntarle si conocía a una persona y el toscamente le respondió " **Te voy a dar un consejo, chiquilla, si quieres terminar tu carrera, si quieres triunfar en esta Universidad, enfócate en tus estudios, en esta Universidad se viene a estudiar no a hacer relaciones publicas** ", ese día quedo fría, jamás la habían tratado así, siguió estudiando y hoy que finalizaba su carrera, sabía más que nadie y en carne propia, que el consejo que había recibido ese día había sido uno de los más valiosos que había recibido durante su carrera profesional. Se acercó, junto a su madre, saludo cortésmente a Don Rodrigo y a todo el grupo, en ese instante se incorporó Don Horacio, quien en tono dulce pero franco como siempre les dijo " **hoy estoy muy orgulloso, hoy hemos asegurado el futuro de nuestra familia, yo ya estoy viejo, la vida me está dando una oportunidad, nuestro negocio va a dejar de ser autodidacta y se va a profesionalizar, mi hija se va a encargar de todo, solo faltan algunos detalles para que ella quede al frente**", María Mercedes solo alcanzó a sonrojarse no sabía que pensar, era el sueño de su Padre, ella en ese momento no era nadie para decir que no, solo alcanzó a decir "**No sé qué decir, yo quiero trabajar, yo quiero estudiar Postgrado, habrá que esperar...**", todos miraron a Don Horacio, quien pícaramente la observaba y le dijo " **ya tendremos tiempo de hablar, lo mejor está por venir, el lunes a las 8:30 de la mañana, nos reuniremos con nuestros asesores en la empresa y conversaremos**", Doña Isabel, con esa sabiduría que la caracterizaba, cortésmente interrumpió la conversación y les dijo, vamos todos a la mesa, antes de que me conviertan el día más feliz de mi vida en una reunión de trabajo.

Bella se acerca a María Mercedes y le dice, "**ríete, la vida es una sola, vamos a bailar, uno se gradúa una sola vez,**" se toman de la mano y caminando hacia la pista de baile, le dice "**María, eres nuestro orgullo, yo no

voy a ser como tú, pero te admiro como a nadie", a María Mercedes se le aguaron los ojos, ella sabía que el camino para ella no había sido fácil pero para su hermana pintaba un poco más complicado, Bella había escogido ser Abogada, su naturaleza de pelear por todo la ayudaría si lograba controlar el genio, en la facultad no se veía con buenos ojos a quienes se revelaban sin causa a las normas, su relación amorosa más que tormentosa era prohibida, nadie veía bien a dos jovencitas enamoradas en una sociedad machista, decidió no pensar mas y en un abrazo le dijo a su hermanita "**lucha, lucha por lo que quieres**", en medio de ese abrazo, en el centro de la pista de baile, llegó Caridad, su hermanita la del medio y sin mediar palabras se fundió en ese abrazo, abrazo, que solo las tres hermanas comprendían, todas y cada una lo sabían, sus diferencias y similitudes era lo que las hacían únicas, Don Horacio y Doña Isabel las observaban desde la mesa, y si bien es cierto que no lo dijeron, lo pensaron, lo hicimos bien ahí están nuestras niñas ya hechas mujeres.

Avanzada la noche, una música suave, había que complacer los más adultos, música para que los padres bailaran, fue como un sueño, bajaron la intensidad de la iluminación, la luz directa se convirtió en muchas estrellas que suavemente iluminaban cada espacio, sonaba **I will always love you, de Whitney Houston,** Doña Isabel suavemente abrazaba a Don Horacio, con pasos medidos como si bailaran sobre las nubes, con una delicadeza especial estaban disfrutando de su momento, ahí estaba Don Jaime y su señora, Don Rodrigo y su señora, estaban todos, para María Mercedes, el instante era perfecto, era único, en ese momento sintió que le tocaban la espalda y delicadamente giró, que sorpresa era Andrés que la invitaba a bailar, como decirle que no, sería una descortesía, ella accedió, Andrés delicadamente le toma de la mano y justo cuando van caminando hacia la pista, no sabe de dónde, como una fiera que ataca de noche, apareció Ricardo, estaba irreconocible, se había afeitado, el pelo recién cortado, un traje negro mate que hacia juego con sus zapatos, un olor a fresco, el corazón se alteró, sintió mariposas en el estomago, todo era más bonito, todo era perfecto, la tomó violentamente de la mano y le dijo te vas a bailar conmigo, ella accedió, no había nada que pensar, era el amor de su vida y esa noche si ya iba bien a partir de ese instante se convirtió en perfecta, seguía sonando **I will always love you**, él le recitó al oído una estrofa...

**Bittersweet memories
That is all I'm taking with me
So, goodbye, please, don't cry
We both know I'm not what you,
you need**

Ella sabía lo que significaba, y al oído sutilmente le cantó...

**And I will always love you
I will always love you.**

Él la miró y sin mediar consecuencias, sin miedo a nada le dijo **"se que vas a ser para mí",** ella lo miró y le dijo así será, ella lo beso él la beso, el mundo se paralizó, ya no había nada que hacer, el amor había triunfado.

El resto de la noche, María Mercedes y Ricardo tomados de la mano recorrieron todo el salón, bailaron, bebieron, saludaron amigos, familiares, vecinos, colegas y asumieron sin habérselo dicho nunca el uno al otro que eran novios y así lo hicieron saber al mundo en cada oportunidad.

Comenzó a amanecer, ya era domingo en la madrugada, los invitados comenzaron a retirarse, ya era hora de dormir, Ricardo de la mano de María Mercedes, envalentonado, entre la euforia y valiente por el alcohol, se acerca a Don Horacio y Doña Isabel y sin mediar palabras les dice "**Amo a su hija**" ellos mas nada observan, callan y se retiran, María Mercedes no sabe qué hacer, Ricardo le dice, "**cálmate, tienen que aceptarnos**", Bella le dice a María Mercedes "**calma a Ricardo no dañes el momento**", María Mercedes lo mira, Ricardo medianamente ebrio le dice "**se que vas a ser para mí**", Bella le dice cállate no sabes lo que dices y Ricardo le contesta "**que sabes tú, de que siento yo, si tú no sabes aunque sea si eres mujer**", todos se miraron, silencio sepulcral, Bella llora, Andrés que venía de bailar con Caridad observa todo y con una fuerza que no se sabe de dónde la sacó, golpeó a Ricardo en la cara, Ricardo reacciona y de forma cobarde trata de defenderse pero no vio que Caridad ya había llamado a seguridad para que lo retiraran del salón.

Entre tres meseros, un invitado y Andrés retiran a Ricardo de la fiesta, el momento perfecto se dañó, María Mercedes solo llora, Bella esta desconsolada en una mesa, Caridad como una leona enjaulada no sabe qué hacer para calmarlas, pero asume junto con Don Horacio y Doña Isabel la función de despedir a los invitados, el circo ya había terminado.

Llegan a la casa, todos se retiran, al llegar a la habitación, en la mayor de la intimidad, Doña Isabel le dice a María Mercedes "**hija mañana será un nuevo día, todo sigue y todo pasa, jamás olvides que a los hombres no se les presta atención en lo que dicen, sino en lo que hacen, que**

descanses" María Mercedes, trata de conciliar el sueño y llorando solo recuerda una estrofa de la canción...

You, darling, I love you
I'll always, I'll always love you

Whitney Houston

EL DOMINGO

Deben ser como las 11 de la mañana, en la Casa-Quinta llamada Sol, María Mercedes comienza a despertarse, la noche anterior fue muy larga, con los ojos entreabiertos observa su cuarto y ve la habitación de una princesa a la que nunca le ha faltado nada, ahí está su mesa de estudio, sus fotos y el vestido que uso esa noche, la noche que podía haber sido perfecta, tiene que ir a desayunar o almorzar, no sabe aun, solo sabe que debe enfrentar la realidad.

Después de asearse, se viste y baja al comedor, ahí estaba Don Horacio leyendo la prensa del día, como de costumbre se acercó y le besó la frente, él la miró con ojos de amor, Doña Isabel atareada con la comida pide ayuda, las tres jóvenes entran a la cocina a ayudarle, no hay ningún comentario, ningún reclamo, ninguna queja, solo ese silencio incomodo como cuando las cosas están por explotar.

El almuerzo estuvo espectacular, Doña Isabel se lució con esa sopa, la bebida refrescante ayudó a apaciguar el calor, el postre, ese postre, una torrija con helado de vainilla que sabe a Dioses, para finalizar como de costumbre un café en el living.

El café, ese momento familiar, donde se hablaba de todo y de nada, donde se planificaba la semana, donde se contaban los sueños y el alma se desnudaba, ese momento que solo ellos cinco juntos eran capaces de vivir y explicar, Don Horacio preguntó ¿Por qué les gusta el café? Cada quien respondió lo que quiso, él dijo a mí me gusta, porque no es solo saborearlo, es entenderlo, es respetarlo, existe mucha historia antes y después de un grano de café y aprovechando el silencio sepulcral de la sala comentó:

Un aprendiz preguntó a su maestro acerca de la vida y cómo las cosas le resultaban tan difíciles. No sabía cómo hacer para seguir adelante y creía que no podría con todo aquello y que pronto se daría por vencido. Estaba cansado de luchar y le parecía que cuando lograba solucionar un problema, aparecía inmediatamente otro.

Su maestro le llevó a la cocina del monasterio y allí llenó tres ollas con agua y las colocó sobre el fuego. Cuando el agua de las ollas comenzó a hervir, colocó zanahorias en una de las ollas, en otra colocó huevos y en la última

granos de café. Las dejó hervir sin decirle nada a su alumno.

El alumno, impaciente, se preguntaba qué sería lo que estaba haciendo su sabio maestro.

A los veinte minutos el maestro apagó el fuego y retiró las tres ollas. Sacó las zanahorias y las colocó en un tazón. Seguidamente sacó los huevos y los colocó un plato y, finalmente, coló el café y lo puso en una taza.

El alumno extrañado escuchó las sabias palabras de su maestro:

-"¿Qué ves?"

-"Zanahorias, huevos y café", respondió el alumno.

El maestro le dijo que se acercara a tocar las zanahorias. Accedió y notó que estaban blandas. Luego le pidió que cogiera un huevo y lo rompiera. El alumno quitó la cáscara y comprobó que la nueva textura del huevo cocido. Por último, el maestro le pidió que probara el café. El alumno sonreía mientras degustaba el café y olía su aroma. Humildemente preguntó: "¿Qué significa todo esto, maestro?"

El maestro le explicó que los tres elementos se habían enfrentado a la misma adversidad, agua hirviendo, pero habían reaccionado de forma distinta. La zanahoria era fuerte y dura antes de enfrentarse al agua hirviendo, pero después de pasar por ella, se había vuelto débil y fácil de deshacer. El huevo había llegado frágil al agua, la fina cáscara protegía su líquido interior, pero después de pasar por el agua hirviendo, su interior se había endurecido. Los granos de café eran los únicos que, después de estar en agua hirviendo, habían sido capaces de transformar el agua.

-"¿Cuál eres tú?", le preguntó.

-"Cuando te enfrentas a la adversidad, ¿cuál es tu respuesta?"

-"¿Eres una zanahoria que parece fuerte pero que cuando te enfrentas a la adversidad y al dolor te vuelves débil y pierdes la fuerza?"

-"¿Eres un huevo, que empieza con un corazón maleable, líquido? Contabas con un espíritu fluido, pero después de una muerte, una separación, o un problema, ¿te has vuelto duro y rígido? Por fuera pareces el mismo, pero ¿tu corazón se ha endurecido?

-"¿O eres un grano de café? El café cambia al agua hirviente, cambia aquello que le causa el dolor.

Cuando el agua llega al punto de ebullición, el café logra su mejor sabor. Si eres como el grano de café, cuando las cosas están peor, tú reaccionas mejor y harás que aquello que te rodea mejore.

Al terminar de hablar, Don Horacio y Doña Isabel de forma sencilla y habitual se despidieron, amorosamente besaron en la frente a cada una de sus hijas y se retiraron a sus habitaciones.

Eran ya las 4 de la tarde, cada una de las tres jovencitas, entendió lo que quiso decir Don Horacio. Hay silencios que duelen, pero el de ese día fue el que más le dolió a María Mercedes, ella sabía que nada justificaba lo sucedido la noche anterior, pero también sabía que tenía que luchar por sus sueños. Bella solo miraba a su hermana mayor sin decir palabra alguna, esperaba solo que le diera la oportunidad para enfrentar el tema, Caridad en silencio solo atinó a decir "**lo mejor es lo que pasa, aprendamos la lección**", Bella lo sabía no era ninguna lección, era una nueva etapa, esa noche habían cambiado muchas cosas, ya se sabía lo de sus inclinaciones sexuales, ya María Mercedes había mostrado al mundo su amor platónico y Caridad mostró de que estaba hecha y que valiente era para enfrentar las circunstancias, sencillamente cada quien debía asumir su realidad y enfrentar el mundo conforme sus decisiones.

María Mercedes, recogió la loza, se fue al fregadero, allá mientras una lavaba y la otra guardaba las cosas en la nevera, Caridad entra a la cocina tose y dice, "**Andrés es un valiente**", Bella sabe que es así, María Mercedes, en tono suave pero severo responde "**Andrés dañó mi noche si él no golpea a Ricardo no pasa nada**" y agrega "**Si Andrés no hubiera hecho nada, nadie se entera de lo que sucedía**", ambas hermanas quedan estupefactas, no había argumento valedero para defender a Ricardo, pero el amor era así, ciego, complaciente y loco. Caridad solo atinó a decir **"Andrés es un valiente, en muchos sentidos, el trabajo de un valiente es difícil. Arriesgan mucho y, sin embargo, sufren de la crítica que genera la supuesta superioridad moral de los cobardes, cobardes que someten su juicio, su vida y sus sentimientos a gente que no le importa. Los valientes sufren en silencio con las críticas que generan sus actuaciones, que son fáciles de juzgar pero difíciles de entender. Pero la amarga verdad que los valientes deben enfrentar es que, en el gran plan de las cosas, cualquier pedazo de basura tiene más significado para muchos que la valentía que usan para enfrentarlos"**, María Mercedes y Bella, estupefactas se quedaron en silencio, lo entendieron, en esa situación ellas perdieron además del mal rato la dignidad, la dignidad de ellas y la humillación en público de su familia, si Andrés no hubiera aparecido, nadie sabe que podría haber pasado, cada una en silencio se fue a su habitación.

María Mercedes, ya en la soledad de su habitación, se refugió en lo más profundo de sus recuerdos y por más que lo intentaba no podía justificar bajo ninguna circunstancia lo que había hecho Ricardo pero menos justificaba lo que había hecho Andrés, eso podían haberlo resuelto hablando no con un golpe como si fueran salvajes.

Que estaría haciendo Ricardo? Mañana es otro día, amanecerá y veremos.

Lámparas que se apagan, esperanzas que se encienden: la aurora. Lámparas que se encienden, esperanzas que se apagan: la noche.
(Omar Khayyam)

EL GRAN DÍA

Llegó el gran día, Doña Isabel sirvió el desayuno, María Mercedes se vistió como lo ameritaba la situación, ella era consciente de que en un mundo empresarial dominado por los hombres, las mujeres deben saber hacer uso de sus mejores armas: Una perfecta combinación de talento, formación, perseverancia y estilo y eso era ella, una mujer todoterreno preparada y adaptada a el reto que enfrentaba, reto nada fácil, la responsabilidad de la empresa familiar estaba en sus manos.

Cuando llegó al comedor, su Madre y sus hermanas quedaron atónitas, tanta elegancia, belleza e inteligencia junta, era el motivo de la mayor alegría familiar, Don Horacio ya había salido, él siempre era el primero en llegar a la empresa y ese día no podía ser la excepción.

María Mercedes, terminó de desayunar, se despidió y mas asustada no podía ir, durante el trayecto, pensó en todo y en nada, trató de recordar todo lo aprendido y se encomendó a su Fe.

Llegó al edificio, una vez entró, Rosita la de mantenimiento la saludó, ella como de costumbre, sonrió y siguió caminando, una vez dentro del ascensor, empezó a sudar en frio, los nervios atacaban, dudaba de si estaría preparada para tan grande responsabilidad.

El negocio familiar, había comenzado de la casualidad, de tomar café, surgió la idea, Café Sofía, por el nombre de su Abuela, el concepto era dinámico y había crecido exponencialmente, ya eran un referente nacional, pero ella quería mas.

Hace varios años, Don Horacio abrió Café Sofia, una cafetería ubicada en pleno corazón del centro de la ciudad. Siempre con recursos propios y hasta la fecha se había logrado mantener en pie sin necesidad de recurrir a algún financiamiento gubernamental.

El éxito de Don Horacio se vio reflejado en el crecimiento del negocio, que comenzó de ser un una cafetería en donde sólo se vendían bebidas preparadas hasta llegar a convertirse en una marca de café. Don Horacio preparaba y tomaba mucha de esta bebida en el restaurante de su tío. Después inició una tradición junto con su Madre de visitar las cafeterías que había en cualquier lugar a donde iban.

Con el tiempo, tomó algunos cursos, pero, sobre todo, la experiencia fue su mejor maestra pues "**catar es en gran medida algo que se aprende con el tiempo**", siempre decía.

Ese buen pasatiempo se ha hecho a base de "puro sudor", pues ha crecido gracias al trabajo y empeño de Don Horacio y su equipo. Nunca ha pedido algún financiamiento del gobierno o de algún banco

Al inicio tostaba el café que necesitaba para atender a sus clientes en la pequeña barra. Con el tiempo, la gente comenzó a pedirlo para preparar en su casa y empezó a distribuirlo. Así surgió la marca de Café. Como en todo negocio cuando empieza, las ventas no eran muchas: vendía, aproximadamente, diez bolsas de café a la semana; "hoy son miles".

Don Horacio, nunca se ha preocupado por el número exacto de

paquetes de café que vende, pero, sabe, que son miles. Y esos miles de paquetes, o por lo menos la mayoría, se van a algunos restaurantes y otras cafeterías no sólo de la Ciudad, sino también de otros estados del país.

Ella sabe que monetariamente hablando las ventas de café en grano y en bebida son iguales, pero en este último modo es más rentable. El proyecto de Don Horacio no es vender café al por mayor, es "ofrecer las mejores experiencias en torno al café a partir de bebidas y servicio".

Don Horacio sale de la Ciudad de manera continua para ir en busca del mejor café. Viaja a distintos estados de la República. El trato directo con la gente que se dedica a cultivar el café es importante, pues debe conocer todas las características del grano. Antes de hacer tratos con los productores, platica con ellos sobre su proyecto "las necesidades y planes de ambos, y pondera la posibilidad de trabajar juntos". Pero lo más importante para cerrar un trato es probar el café; lo analiza, valora el trabajo que hay que hacerle, el mercado al que se dirigirá y, sobre eso, se decide el precio. Una de las principales necesidades que tiene Café Sofia es la calidad. Por esto, debe buscar cierto tipo de café para cada cliente; por ejemplo, a los restaurantes piden un tipo de café o de tostado en específico. Cada café necesita, antes de ser comprado, tener un prospecto, un comprador o un propósito dentro de nuestros planes", siempre dice Don Horacio.

Don Horacio, no duda ni un momento que la cultura del café está creciendo. Y aunque sea cada vez más rentable, piensa que lo más importante no es que crezca el consumo del producto, sino que crezca el consumo de buen café.

La gente debe "pagar por una taza el precio justo. El extranjero puede comprar el café a precios altos porque una taza la paga en euros. Aquí una taza cuesta nada y ya es caro. "La calidad que pueden pagar los tostadores y las cafeterías a los productores es mucho menor por parte del mercado nacional que por parte del extranjero, porque el consumidor final no paga el precio justo por la taza o el kilogramo de café en grano" discute siempre Don Horacio. Esto ha sido el gran reto para el equipo de Café Sofia, pues trata de renovarse y, sobre todo, de ser sustentable.

El negocio sigue creciendo: entre los planes está abrir sus tiendas en el extranjero y seguir vendiendo café en otros puntos del país, para María Mercedes el asunto es internacionalizarse. Café Sofía es un equipo de pocas personas dirigido por Don Horacio, formado en gran parte por tostadores y baristas amantes de su oficio. No ven al café como un negocio, sino como una pasión.

Llega a la oficina y Andreina la fiel secretaria de su Padre, la recibe, la abraza y la felicita por su grado, le indica que su Padre está ocupado en una reunión con los asesores, que ya la va a anunciar para que la atienda.

Don Horacio se asoma a la puerta y con la señal de siempre la invita a pasar, la abraza y la besa en la frente, ahí estaba ella, Inteligente, bella pero llena de miedos y nervios, en la larga mesa de reuniones, estaba la Administradora, el Jefe de Planta, la encargada de la red de Cafeterías y el Abogado Andrés.

Al llegar María Mercedes, todos se colocan de pie, la aplauden y la felicitan uno por uno, Andrés la observa y jovialmente le dice "**ya te había felicitado, pero aprovecho para abrazarte otra vez**", todos se ríen, pocos conocían los acontecimientos del día anterior. Don Horacio, comienza la reunión. Lleno de orgullo no hace sino expresar todo el respeto y la admiración, pero sobretodo el gran amor que siente por su hija y le manifiesta a todos, que la graduación de su hija traería como ya lo había anunciado una serie de cambios y empezó a enumerarlos, María Mercedes asumiría el manejo administrativo de la empresa, se entendería en todo lo relativo a administración, área legal y producción, él aun estaba muy joven para retirarse y se dedicaría a seguir visitando a los productores para así garantizar que la calidad no se pierda mientras que buscaban a alguien que se encargara de dicha actividad.

Para ninguno fue sorpresa, todos los presentes ya conocían de primera mano las ideas de Don Horacio, él era un hombre sabio lleno de muchas virtudes y sobretodo de mucha bondad, pero no había medido un detalle, estaría dispuesta María Mercedes a asumir tal responsabilidad en las condiciones de Don Horacio, eso era algo que todos pensaban pero que nadie expresaba, a favor tenía todo, en contra su juventud e inexperiencia, pero Don Horacio ya se estaba encargando de eso, su equipo iría con ella hasta el final, eso ya estaba conversado, él había pedido lealtad absoluta y todo se la habían manifestado.

María Mercedes aun llena de asombro, en el fondo se lo esperaba, observó a todos y le dijo antes de expresarles lo que pensaba quiero escucharlos, en ese momento Don Félix Jiménez, Jefe de Planta le expresó "**LAs fincas con las que trabjamos están plantadas exclusivamente con cafés Arábica, Geisha, Catuai y Typica, que crecen sanos y vigorosos gracias a la calidad de los suelos volcánicos de esta zona. Apostamos por la conservación del medio ambiente y la producción orgánica y por ello no plantamos café más allá de los 1.820 metros de altitud, reservando el resto de nuestros terrenos a alturas superiores, a reserva ecológica, debido a la altitud de las fincas donde se cultivan los granos de Café Sofia, en taza, resultan de gran calidad.**

Son cafés muy densos y uniformes, suaves, con un cuerpo medio, buen aroma y alta acidez" El hombre apasionado a su trabajo siguió diciendo "Todas nuestras cerezas son cosechadas a mano por gente de nuestra entera confianza, que lo hacen sólo cuando el café alcanza su estricta madurez. Nosotros mismos nos encargamos de su procesamiento posterior, sometiendo al grano a un método u otro - natural, lavado o honey -, según su variedad. Seguidamente, lo seleccionamos cuidadosamente y después de un descanso de entre 60 a 100 días en sacos de arpillera sobre suelos de madera, los enviamos directamente a nuestros clientes, la mayoría de los cuales, previamente, ya han catado los cafés en la finca y dispuesto los

tiempos de exportación tras el reposo" y terminó su intervención expresando "**Apostar por la calidad resulta rentable para el caficultor y para el consumidor, pero existen regiones donde alcanzar determinados estándares es complicado por tanto, no es una vía de trabajo asequible para todos, más, si tenemos en cuenta que el café de alta calidad requiere de mano de obra especializada para lograr alcanzar el valor que lo hace especial. En otras zonas, ni tan siquiera la producción de café comercial resulta rentable, ya que existen lugares en los que los costos de producción son muy altos y el margen de beneficio de este tipo de café, por el contrario, es bajo**", razón por la cual creo que es correcto que Don Horacio se dedique a visitar los caficultores y siga controlando con sabiduría dicho proceso, permitiendo que la joven María Mercedes se encargue de hacer crecer más la empresa.

Le correspondió el turno a la Administradora, la Licenciada Solange tanta experiencia y honradez al lado de Don Horacio, la habían vuelto su mano derecha, quien expresó **"Nuestra empresa se encuentra entre el 20% del top de empresas tostadoras y comercializadoras de café, según el último informe presentado. Encontramos muy pocos competidores en el segmento de la alta calidad 100% arábica, ya que el tipo de producto que ofrecemos en mayor cantidad y sus exigentes estándares de calidad no tienen referente en el mercado. En Café**

Sofia somos pioneros en ofrecer presentaciones de café 100% arábica, y los únicos tostadores que cultivamos en fincas propias en condiciones apropiadas. Somos además pioneros en la implementación de selección de café por escáner en origen, sin renunciar a la recolecta grano a grano. Además de las cuestiones relacionadas con la innovación, Café Sofia aporta valor social. Un valor social que se materializa en un alto compromiso con los productores locales y con el medio ambiente. Nuestro liderazgo es visible también en nuestra forma pionera de envasar con fecha de tueste, en el desarrollo de programas de I+D+i en nuestras propias fincas con el objetivo de mejorar la calidad de los procesos en origen; y en el carácter también pionero de la creación del primer **Semillero de Baristas**", siguió hablando, en definitiva, es un gran bagaje fruto de la experiencia de 25 años en el sector que cumplimos este año y para terminar expresó "**somos únicos prestando servicios integrales de café y bebidas a nivel institucional, orientados siempre a la excelencia en el servicio y a la altísima calidad de los productos y equipos con los que trabajamos. El modelo de comercialización basado en franquicias y operación directa nos permite tener presencia a nivel nacional. También contamos con oficinas en las principales ciudades del país, atendiendo así los requerimientos de café y bebidas de empresas, oficinas, canal institucional, sector de restaurantes, **Fastfood y cafeterías**", hemos crecido mucho somos una realidad.

Le correspondió el turno a la Ingeniero María de Los Angeles Barrientos, quien era la encargada de la red de Cafeterías quien expresó "**Café Sofia es una familia que se enorgullece de ofrecer una experiencia auténtica, basada en la excelencia de lo simple y lo artesanal. Nuestra propuesta consiste en trabajar siempre con los mejores productos del mercado; los de mejor calidad, los más naturales y los menos procesados, sin utilizar ningún tipo de conservantes ni ingredientes artificiales, y ofrecer un servicio y una ambientación acordes con esta experiencia. En cada tienda de Café Sofia se utilizan ingredientes de la mejor calidad**

para alcanzar siempre la mejor textura y el mejor sabor. Azúcar orgánica y azúcar mascabo, huevos, harina orgánica y artesanal, chocolate 70% cacao, miel y hojas verdes orgánicas, los mejores quesos y fiambres del mercado, café de especialidad y demás ingredientes naturales, sin procesar y sin ningún tipo de conservantes o ingredientes artificiales que prolonguen la vida útil de los productos, alteren su sabor, o reduzcan su valor nutritivo", hace mucho tiempo superamos nuestro punto de equilibrio, dentro de la estructura de la empresa, por ser la pionera, en cada etapa está presente la mano y dirección de Don Horacio, somos la niña de sus ojos, Don Horacio observaba, se sonrojó y con un gesto asintió.

Al final le tocó hablar a Andrés, María Mercedes no oculto su desagrado y él lleno de confianza, por ser el más joven de los presentes, solo se limitó a expresar **"María Mercedes por ordenes directas de su Padre, acá le presento el acta de asamblea por el cual se le designa Presidente Ejecutivo de Café Sofía, el testamento reconocido de sus padres en sobre cerrado, de igual forma el poder otorgado por su Padre para que lo represente en todas las actividades de la empresa y finalmente toda la documentación legal para acreditar su condición ante la banca, solo puedo desearle éxito y ratificarle nuestro compromiso de trabajar con usted"** y procedió a tomar asiento.

María Mercedes, terminó de escucharlos a todos y llena de valentía expresó "**Asumo el reto, solo con una condición, quiero carta blanca**", Don Horacio ya se imaginaba esa frase y le expresó "**Los verdaderos retos son los que implican desafíos difíciles; tendrás que encargarte de convertir esta empresa en una de las grandes**" María Mercedes fiel a su naturaleza le contestó "**Tengo que aprender a mantener los ojos atentos y a estar en permanente estado de alerta para no dejar pasar ninguna oportunidad o reto**" todos entendieron que era un sí y se procedió a la firma de los documentos, al otro día iniciaría una nueva historia.

"La gente exitosa es inteligente, pero no toda la gente inteligente es exitosa, dependen de las decisiones que toman y cómo las implementan"

Carlos Salazar

LAS DECISIONES

María Mercedes, ya lo sabía, durante su mayor tiempo en la Universidad se había preparado para ello, había sido la mejor de su clase, tenía a su alcance todo el conocimiento científico actualizado y conocía cada paso del proceso de la empresa.

Desde muy joven ella junto a su madre y sus hermanas habían asistido a Don Horacio en la empresa, al comienzo no había sido fácil pero él se encargó de enseñarles todo, a cada una le asignaba tareas conforme a sus aptitudes, Doña Isabel siempre manejó las cuentas, Caridad siempre fue la ideóloga de los cambios y el diseño en las tiendas, Bella siempre pendiente de la parte legal y los cambios en la legislación y María Mercedes era la súper mujer, la mujer orquesta la que por su especialidad, sabia de todo.

Hoy era el primer día en la empresa, como Presidente Ejecutivo, cuando María Mercedes llegó, Andreina la secretaria de Don Horacio se sorprendió, eran las 7:30 de la mañana y Don Horacio no estaba, María Mercedes saludó y entró a la oficina de su padre, se sentó y de forma delicada colocó su portafolio sobre el viejo escritorio, oró pidiendo sabiduría para enfrentar ese nuevo reto y comenzar a ejecutar las decisiones que había planificado, en ese instante tocan la puerta y es Andreina, quien con todo el respeto, le pregunta si quiere tomar café, María Mercedes le dice que si y de una vez se retira, a los cinco minutos en una bandeja plateada con un taza con el logo de la empresa le sirven el café, sin azúcar, por supuesto, para poder sentir la calidad del mismo, Andreina pide permiso para retirarse y María Mercedes la invita a que se siente y se tome el café con ella.

Fueron dos minutos de silencio, donde degustaron el café y fue María Mercedes la que rompió el silencio y le dijo a Andreina "**vamos a crecer es el legado de mi Padre y debo honrar el compromiso**" Andreina observándolo solo le respondió "**así va a ser Ingeniero**", María Mercedes le dijo "**no me llames Ingeniero, soy María Mercedes la hija de Don Horacio, me conoces desde muy chica**", Andreina se quedó sorprendida por la respuesta e hizo silencio, Inmediatamente María Mercedes, estableció la agenda del día y le hizo saber a Andreina que citara a sus hermanas a una reunión a las dos de la tarde, junto con el Abogado Andrés, que por favor se comunicara con ellos telefónicamente, haciendo énfasis en que la reunión era de carácter obligatorio.

Andreina inmediatamente se dispuso a realizar lo ordenado y le informa a María Mercedes que ya todo está cuadrado y le indica que Don Horacio había llamado informando que hoy por primera vez en muchos años no iría a la empresa y que todo lo que sucediera debía ser informado a la Presidente Ejecutivo, María Mercedes sonrió y en silencio asintió.

A las dos de la tarde puntualmente, se encontraban presentes todos los convocados a la reunión, Andreina los invita a pasar a la oficina de Don Horacio y Caridad en tono jocoso expresa "**de Don Horacio no, de Doña María Mercedes**" y todos rieron al mismo tiempo, en ese momento Andreina sirvió el café y el agua y procedía a retirarse cuando María Mercedes le dijo "**Andreina por favor te quedas para que apuntes lo conversado, esto no es familiar esto es de trabajo**", todos se sentaron y en silencio escucharon las breves palabras de introducción sobre la necesidad de adaptarse a los nuevos tiempos para poder cumplir con lo propuesto, en razón a eso María Mercedes le ofrecía a sus hermanas que trabajaran con ella, a Caridad le ofrecía que se fuera a Paris a fin de que se iniciara la internacionalización de la empresa, eso tomó por sorpresa a Caridad quien no salía de su asombro, ella le dijo "**María Mercedes, tengo que estudiar, aun me faltan las pasantías**" y María Mercedes le expresó "**esas son tus pasantías**" que mejor oportunidad que esa, vivir en Paris haciendo lo que le gustaba y que además trabajaría para ella misma y desarrollando los intereses de la familia no tenia precio y sin dudarlo aceptó.

Bella! Le dijo María Mercedes, despiértate, concéntrate, estamos trabajando, Bella la miró sorprendida y se disculpó, quiero que te encargues del área legal, nuestra cantidad de asuntos legales es mínimo y puede hacerlo cualquiera, todos miraron a Andrés quien fijamente miraba a María Mercedes, Bella dijo "**no, no estoy preparada aun me falta mucho en la Universidad yo aun no tengo título**", además para eso está Andrés expresó Caridad y María Mercedes les dijo, es mi decisión y estoy seguro que Andrés entenderá que el Abogado debe ser de confianza y él para mí no lo es, en ese minuto de silencio todos se miraron incrédulos y Andrés de forma caballerosa y respetuosa se levantó de la mesa y expresó "**creo que mi presencia ya no es necesaria, procedo a retirarme, disculpen lo malo y hasta el día de hoy no me deben nada, muchas gracias por la oportunidad**" y se retiró.

Andrés recogió sus cosas y cerró la puerta detrás de él salió Caridad y le dijo "**mi hermana se equivoca hablaré con mi Padre**", él le dijo que no se preocupara que él igual tenía una oferta de trabajo de una multinacional y que así era mejor, que nueva administración implicaba cambios y que él sabía las verdaderas razones de la decisión tomada pero que le daba igual, Caridad lo miró, lo abrazó y suave y delicadamente sus labios tocó, él caballero como nadie, inmutable se mantuvo y le susurro al oído "**todo tiene su momento**" y se fue.

Caridad se reincorporó a la reunión y antes de que dijera cualquier palabra, María Mercedes le dijo "**la jefe soy yo, las decisiones son mías yo asumo las consecuencias**", hubo un silencio sepulcral y todos miraron a Bella, quien a regañadientes solo atinó a decir, acepto.

Esa noche, María Mercedes en la cena informaba a Don Horacio y Doña Isabel sobre los acontecimientos del día, todos felices con las buenas nuevas hasta que se tocó el tema de Andrés, Don Horacio no dijo nada e interrumpió a Doña Isabel cuando trató de hablar del asunto, Don Horacio sólo expresó "**María Mercedes, cada Jefe asume las consecuencias de sus acciones, éxito en esta etapa**"

Ese día María Mercedes no había pensado en nada que no hubiera sido trabajo y estaba muy agotada para hacerlo, ya era hora de dormir, se bañó y se acostó.

Caridad, solo pensaba en la nueva etapa y en todo lo que tenía que hacer.

Bella, buscaba dentro de sí, mil excusas para no asumir el cargo, pero no hacerlo era cobardía y ella no era así.

Doña Isabel, leía un fragmento de un libro que se titulaba **Las manos de tu padre** que decía así

"Un joven fue a solicitar un puesto en una empresa grande, y llegó a la entrevista final con el director. Éste vio que su currículum era excelente, y le preguntó: «¿Fue tu padre quien pagó tus estudios?». «Sí», respondió el candidato. «¿Dónde trabaja tu padre?». «Es herrero», dijo. El director pidió al

joven que le enseñara sus manos y éstas estaban suaves y perfectas. «¿Alguna vez has ayudado a tu padre?», quiso saber. «Nunca, mis padres siempre quisieron que estudiara», contestó el muchacho. El alto cargo de la empresa le hizo una petición: «Cuando llegues a casa, ve y lava las manos de tu padre, y ven a verme mañana».

Y así lo hizo el joven. Al lavarle las manos a su progenitor vio unas manos arrugadas y llenas de cicatrices, que habían trabajado para pagar sus estudios, por lo que también le ayudó a ordenar y limpiar el taller. Al día siguiente volvió y le contó al director que había entendido que sin su padre él no sería quien era. «Me he dado cuenta de lo difícil, duro y sacrificado que es conseguir algo

por uno mismo», insistió. Y el jefe respondió: «Para este puesto quiero a una persona que conozca los sufrimientos de los demás para hacer las cosas y que el dinero no sea su única meta, por lo que estás contratado».

Esa noche, como todas las noches, oró por todos, pero en especial por María Mercedes para que no se equivocara.

"El diablo no es el príncipe de la materia, el diablo es la arrogancia del espíritu, la fe sin sonrisa, la verdad jamás tocada por la duda."

Umberto Eco.

Capítulo II
5 años despúes...

ANDRÉS

Andrés se había convertido en un hombre frío y calculador, perseverancia fue el atributo que lo llevó a conseguir su cargo, vio oportuno presentar los nuevos acontecimientos personalmente, nadie espera un avance jurisprudencial trascendental. Entró a la oficina principal, dos asistentes lo guiaron por los pasillos, una vez que llegaron a la oficina del jefe alcanzó a ver a una mujer, "**el Doctor Dueñez lo está esperando**" dijo la mujer, los asistentes se quedaron afuera.

Al entrar en la habitación Andrés vio el sinnúmero de regalos y reconocimientos en las paredes, los dos caminaron hasta llegar al escritorio junto a una gran puerta de madera, "**tome asiento, el Doctor lo atenderá en**

pocos minutos" dijo la mujer señalando a la sala de espera. Andrés encontró cómodo uno de los sofás, su apresurada reunión fue organizada por New York, la sede principal, pocos detalles fueron presentados, Dueñez no sabía cuál era el motivo de esta intrusión.

Andrés esperó, en su mente se crearon distintos escenarios para la reunión, intentaba imaginar las frases justas para crear el mayor impacto, estaba seguro de que este sería el camino hacia su independencia. Los minutos se alargaron en su espera, la puerta cerrada parecía enviar un mensaje, la mirada oculta de la secretaria no le hacía compañía, estaba solo, atrapado en el vacío, con sus manos llenas y nadie con quien negociar.

Dueñez esperaba en la silla de su escritorio, disfrutaba el trinar de las aves en su jardín, el chapoteo del agua, desde su ventanal se podía apreciar una larga fuente, su extravagante diseño era de cien metros, el agua corría hacia el despacho, como un río que siempre regresaba. Trataba, pero no podía entender la visita de Andrés, ellos habían sido colegas en algún momento, ahora era alguien que había crecido mucho.

Andrés esperaba bajo el alto techo del cuarto, la oficina estaba en una magnifica construcción, cada detalle justificaba su creación, esperar en el sofá lo hacía sentir pequeño, el tiempo parecía detenerse entre tanto espacio. **"El Doctor Dueñez lo está esperando"** dijo la mujer, el mensaje llegó con prisa a su cerebro, se levantó sin compostura, cuando se dio cuenta era demasiado tarde, trató de estirar las arrugas de su traje y empezó a caminar.

La secretaria abrió una de las puertas de madera a la oficina, ella esperó, al pasar junto a la mujer Andrés hizo un gesto parecido a una sonrisa y sintió la puerta cerrarse a sus espaldas. "**Andrés, bienvenido, a qué debo tu visita**" dijo Dueñez, giró su silla alejando su mirada del jardín "**espero tengas algún resultado de ese juicio en el que hemos invertido tanto tiempo y dinero**".

Andrés camino hasta llegar al escritorio de Dueñez, intento dejar atrás las observaciones, coloco su portafolio sobre el magnífico escritorio, lo abrió para buscar sus documentos y reportes sobre el caso. "**Doctor, hemos encontrado la solución**" dijo Andrés, y presentó los documentos, Dueñez se veía sorprendido, no estaba preparado para manejar este tipo de información.

"**No tengo tiempo para estar analizando estos papeles**" dijo Dueñez, descartó los documentos con su mano derecha "**exijo una explicación**" añadió. Andrés tenía una meta en mente, incrementar su estatus en la firma era el primer paso, "**Doctor, si toma el tiempo para ver los resultados podrá notar que hemos logrado una victoria significativa, estamos listos para dar nuevos pasos**" dijo Andrés.

Dueñez se levantó de su silla, "**por qué no fui informado con anterioridad**" exigió, claramente molesto por la sorpresa, se quedó en espera de una respuesta que lo sitúe en el mando de la situación, los años de liderazgo crearon su debilidad. "**Con su**

debido respeto señor, no lo quería importunar, estaba en espera de resultados concretos" dijo Andrés "**en realidad he venido a solicitar su apoyo, necesitamos recursos para continuar el proceso**" finalizó.

Fue inevitable esconder su sonrisa, Dueñez siempre quiso dejar su nombre en la historia, esta era la oportunidad para lograrlo, "**Andrés, los recursos de la firma están a tu disposición, comunícate con Administración y solicita lo que creas necesario**" dijo Dueñez en un tono casual. Andrés observó con curiosidad, "**señor, necesito más que recursos económicos para lograr nuestros objetivos**" dijo.

Dueñez no entendió el pedimento, jamás pasó por su mente encontrarse en esta situación, Andrés sabía que en poco tiempo empezarían las pruebas, los recursos económicos acelerarían el proceso, ellos se encontraban al borde de lograr lo que nadie había logrado y algunos sacrificios eran necesarios. **"Necesitamos realizar pruebas periciales"** finalmente dijo Andrés, la habitación se quedó en silencio, los hombres se miraban fijamente.

Andrés se sorprendió de la reacción de Dueñez, **"hablaré con los socios y se te acreditarán los debidos niveles de acceso"** dijo Dueñez, ni por un instante dudó en la veracidad de la información, estaba ansioso por continuar el proceso, algo le decía es este era el paso a seguir, la única forma de lograr que la firma subiera de nivel. **"Espero estar notificado de cualquier resultado"** dijo Dueñez.

Conforme con los resultados Andrés se dispuso a retirarse, **"gracias Doctor, lo mantendré al tanto"**, dijo Andrés, cerró el portafolios y se preparó para salir, los dos se veían satisfechos al estrechar sus manos y despedirse

Al día siguiente Andrés salió temprano a dar un paseo, tenía la cabeza llena de pensamientos, incluso al caminar las ideas regresaban, todo ese dinero que estaba a punto de ganar no le permitía concentrarse, caminó por horas, dejó a sus pies hacer el trabajo duro, en su cabeza solo había espacio para el dinero. Sin energía se encontró frente a un bello paisaje, por un instante olvidó los sueños que le atormentaban y empezó a buscar el camino de regreso. Intentó mantener la calma, caminó concentrado en lo que hacía, con cada paso se fue despejando su duda, estaba perdido.

De un lado a otro buscó el camino de regreso, le fue imposible encontrarlo, decidió empezar a bajar, debía regresar a casa antes de que caiga la noche. El dinero perdió su importancia, la noche empezó a caer, cada instante disminuía la luz que pasaba entre las hojas, solo podía caminar a través de un inmenso bosque de troncos delgados, el profundo verde se fue tornando en oscuridad. El latir de su corazón era lo único que podía escuchar al correr, uno tras otro los latidos retumban en su mente, el ritmo solo incrementaba su desesperación.

A la distancia alcanza a ver una luz, está era la señal que estaba buscando, la travesía estaba a punto de terminar. Se acercó despacio, cada paso hacía que disminuyera el latir de su corazón, recuperó el aliento y llegó a la luz. Un extraño faro de poste largo estaba solo entre los árboles, alumbraba un lugar poco natural, llegó a una excavación que solo las maquinas humanas pueden hacer. Esto era lo que tanto estaba buscando, una muestra de civilización, luego de caminar por horas se encontraba cansado de caminar por lo arbitrario de la naturaleza.

La excavación creaba una planicie del tamaño de una cancha, su profundidad le hacía tener cuatro paredes, era imposible no ver el agujero que en la mitad de una pared, era como ver una puerta en dirección al corazón de la montaña. Perdió la urgencia, no puede explicar el cambio repentino, se llenó de curiosidad por mirar el interior del agujero, algo le decía que este era el lugar que salió a buscar. Una parte de él quería regresar a casa, intentó girar y alejarse del lugar, el misterio le llamaba.

El agujero no era claro desde la distancia, tenía que acercarse, caminó alejándose de los arboles, entró en la planicie de superficie lisa; se podían ver profundas huellas de pasos, pensó que debió ser un pantano, quizá el lugar era un reservorio de agua. Siguió por la tierra firme, se acercó al agujero y poco a poco fue tomando forma. De repente una fuerte brisa paso a su alrededor, escuchó el sonido del viento junto a su cabeza y se detuvo. La entrada del túnel estaba a pocos pasos, ahora era fácil distinguir su construcción de concreto, sus paredes era lisas como las del interior de un tubo de concreto, pero no podía ver uniones entre los pesados de tubo, al parecer el túnel fue hecho en una sola pieza.

El piso se veía plano, limpio, como si alguien se encargaría de remover la suciedad, la cueva parecía ser profunda, solo podía ver oscuridad en el interior de la cueva. Se quedó admirando la entrada de un túnel, el piso plano para que puedan caminar dos personas con suficiente espacio, las paredes interiores eran lisas. Su entrada no parecía invitar a extraños a pasar, alcanzó a ver los símbolos grabados en el contorno de la puerta, ninguno de ellos tenía un significado para él, notó que la secuencia de símbolos se repetía ocho veces.

Sintió frió y curiosidad, una parte de él quería entrar en la cueva. Otra dudaba en los misterios que se alojaban en su interior, temió seguir. El túnel estaba a unos pasos de distancia, su cuerpo congelado entre dos decisiones, se esforzó para dar un paso. Imaginó en su vida sin tomar este paso, el tormento de pensar que hubiese sucedido si luchaba contra sus temores, presionó sus puños y caminó al interior de la cueva.

Nada, sus ideas mágicas desaparecieron, los temores mal dirigidos se esfumaron. Trató de buscar algo especial, en el túnel perdió su magia, la oscuridad hacía imposible que vea en su interior, podían ser metros o kilómetros de profundidad, sin una linterna no sabría. Sintió una fuerza apoderarse de su cuerpo, regresó toda la energía que perdió al correr por el bosque, disfrutó sin entender lo que sucedía. Recordó estar perdido, volvió a recorrer el camino que tuvo que tomar para llegar a este lugar, tantos barrancos que limitaron el paso, caminar cuesta arriba para buscar otro camino fue la peor parte. Debía salir de esta cueva y regresar a casa.

Giró sin prisa, estaba en paz, dio un paso para salir, sintió a su rostro golpear contra un vidrio, buscó desesperado un espacio de la salida de la cueva que no esté cubierto por el cristal, fue inútil, estaba atrapado. Golpeó el vidrio con todas sus fuerzas, una y otra vez sintió a sus puños estrellarse contra el cristal, pensó en gritar, el único camino era hacia el interior de la cueva. Su corazón empezó a chocar contra las paredes de su pecho, los tambores regresaron a sus oídos, el ritmo de sus latidos se aceleraba con cada instante.

La sensación de calor desapareció, toda la fuerza que llego al entrar en la cueva se alejó, en su lugar sintió frio y temor. Mantuvo su mirada en el exterior del túnel, era cuestión de segundos antes de que el vidrio volviera a desaparecer. No quiso girar, temía encontrarse con el causante de su desdicha, estaba atrapado sin escapatoria, la curiosidad le llevo a perder lo poco que le sobraba de sensatez.

Pasó el tiempo, pero sus manos seguían firmes contra el cristal, la pesadilla estaba a punto de terminar, esperaba con todas sus fuerzas que el camino se abriera. Sus palabras fueron claras, llegaron sin sonido, hablaron en el interior de su mente, una voz diferente a la suya. Escuchó que estaba advertido, nadie podría cruzar el túnel, estaba cansado de la constante invasión. Giró con curiosidad, pudo sentir la frustración del ser que se comunicaba, sus sentimientos eran tan claros como sus palabras, entendió todo.

Al mirarlo se sorprendió de lo familiar que se veía, no tenía brazos o piernas, flotaba en medio del túnel, su luz distinta a cualquier imagen existente en la tierra, su color se asemejaba a la sensación que uno tiene al morder un durazno maduro. Era inexplicable, hacen falta palabras para describir lo que en ese instante pareció algo rutinario, como mirar a un amigo.

Se alejó despacio, supo cuando giró, sabía que él caminaba dándole la espalda, por más que se esforzara no pudo recordar el color de sus ojos. Una fuerza le empujó fuera del túnel, cayó sobre su espalda, perdió el aire de sus pulmones, cuando recuperó la respiración estaba en el piso de su cuarto a unos centímetros de su cama, se levantó, subió a su cama, pensó tengo que hablar con Caridad y se quedó dormido.

"El momento más solitario en la vida de alguien es cuando está viendo como su mundo se desmorona y lo único que puede hacer es mirar fijamente."
F. Scott Fitzgerald

Caridad

No ahora, no así, pensó Leison. ¿Entonces cuándo? Él caminaba tras su compañera de baile, ella traía un pequeño vestido color rojo, sus hombros desnudos brillaban. Leison se arregló el pantalón al notar lo obvio de su situación, hace un instante estaban entrelazados hasta conocer todos sus secretos, sin embargo, ella desistió con su súplica.

"No así, no ahora".

El lugar estaba repleto, personas bailando y disfrutando del presente.

Pero no Leison, él perdió la batalla contra la bestia, después de todo, era imposible domarla.

Hace pocos días, ellos se conocieron en una cafetería. Leison pedía el primer café de la mañana cuando la vio, claro que ella no usaba un pequeño vestido rojo, Caridad vestía un saco de lana que cubría su cuerpo, pese a eso era imposible ocultar sus curvas. Él la vio y supo que debía conocerla, simplemente escuchar su voz era premio suficiente.

Caridad tenía el día para ella, libre del rutinario trabajo, ella quería un rato a solas que le tranquilizara su vida. Algo con sabores difíciles de alcanzar, un experimento diferente. Ella miraba el menú de madera colgado sobre la cajera registradora, indecisa de si estaba bien o no.

Por un instante Leison agrupó todo el valor que tenía guardado en su interior y se dispuso a dar el primer paso. "**Me puedes hacer un favor**," dijo, tocando levemente el hombro de la chica esperando en la fila frente a él.

"**Claro, dime**," dijo Caridad al mirar hacia atrás. ¿Cómo te puedo ayudar?"

"**Resulta**," dijo Leison buscando en los bolsillos de su pantalón. "**Sabes que no encuentro mi billetera**."

Caridad sonrió.

"**Bueno**," dijo Leison, "**la cosa es que voy a necesitar que me invites un café. Pero te lo voy a pagar**."

"**Claro**," dijo Caridad, "**es más si quieres alguna otra cosa**."

"**No**," dijo Leison. "**Con eso tengo para empezar un día de trabajo. Dime. ¿Tu trabajas hoy**?"

"**No, en realidad es mi día libre.**"

"**Estás despierta tan temprano**," dijo Leison, incrédulo.

"**Hoy ha sido un día muy extraño**," dijo Caridad.

"**Te ves muy bien para tener uno de esos**," dijo Leison.

"**No digas eso**," dijo Caridad. "**Debo estar luciendo fatal.**"

"**Nada mal, para un viernes a las ocho de la mañana.**"

"**Si continúas así**," ella dijo con una sonrisa. "**Vas a terminar buscando a otra persona para que te invite un café.**"

Leison sonrió con dulzura, como siempre lo hace, iluminando la habitación, pero sin darse cuenta. Él tenía planeado conquistar a esta bella mujer, él sabía que bajo esas prendas abultadas existía un mundo de fantasías, al menos, así lo describía él. Leison era un eterno enamorado de la figura femenina, su pasión, la fotografía, y unirlas su debilidad. Sin embargo, Leison no era capaz de hacerlo, no como él quería.

Leison miraba al mundo de una forma diferente, él pensaba que el problema de todo era la vergüenza. Sus ideas asustaban a sus colegas, sobre todo cuando realizó esa deplorable presentación de retratos desnudos de sí mismo. El mundo no estaba preparado para el cambio que Leison exigía, y la única arma que tenía a su alcance era convertirse en un seductor para poder plasmar la natural belleza humana a través de la fotografía.

El problema era que Leison no quería esperar a que sus servicios fotográficos fueran requeridos, él quería escoger a cualquier mujer y tenerla desnuda por arte de magia. Claro que el camino de un mago está muy lejos al del fotógrafo, ha pasado mucho tiempo desde su última foto con pasión, él se volvió obsesionado con la conquista. Caridad iba a ser su primera víctima.

Ellos sonreían al pedir el café, Leison estaba seguro que el camino era la amistad, para él el amor era un nivel más alto de amistad. Sin embargo, no sabía cómo hacer para transformar un saludo con una relación más profunda. La idea no era llegar a un desconocido y ofrecer una pregunta para él tenga la obligación racional de responder. Leison quería que las cosas se dieran solas.

Así que pidió el mismo café de todas las mañanas, pese a la insistencia de Caridad por intentar algo nuevo.

"**No te aburre**," dijo Caridad. "**Yo podría tomar el mismo café todos los días**."

"**En realidad**," dijo Leison, "**jamás había pensado en eso**."

Desde luego, Leison necesitaba el empuje que le daba el café para empezar el día. Era ridículo pensar que esta sensación deba estar atada a otro placer. Sin embargo, él probó de la bebida que Caridad ordenó, es sabor era realmente sorprendente, de todas formas, él prefería el café con crema.

Caridad disfrutó el extraño encuentro con el hombre de la fila del café, pero eso era todo, los dos desconocían las sorpresas que puede preparar el futuro. Ella debía regresar a su casa para descansar, eso era lo único importante, la curiosa integración será algo para comentar a sus amigas.

Sin embargo, Leison tenía otros planes para todo el espectáculo que tuvo que crear. Él no estaba listo para dejarla ir, todavía no.

"**De verdad, gracias,**" dijo Leison. "**No sabes cuánto me ayudas con esto. Pero, como te dije, tengo planeado pagarte este café.**"

"**No te preocupes,**" dijo Caridad, "**lo puedes considerar un regalo.**"

"**Las cosas no pueden quedar así,**" dijo Leison. "**Déjame invitarte algo. Tengo planeado ir a bailar. Si quieres, podemos salir a comer algo** en la noche y luego, tal vez, a bailar."

"La verdad es que no sé…"

"Hagamos una cosa," dijo Leison. "De todas formas voy a pasar todo el día en el estudio. Ven y si tengo tiempo te puedo tomar unas fotos."

"¿Eres fotógrafo?"

"Un arte que está muriendo," dijo Leison. "Pero sabes que te sorprendería la cantidad de personas que confían en un buen ojo."

Ella se quedó en silencio.

"Te encontré a ti."

"Tengo que pensarlo," dijo Caridad.

"Estaba bien," dijo Leison, **"ha sido un gusto conocerla, señorita del café."**

"Espera," dijo Caridad. **"No me has dicho dónde queda tu estudio."**

Leison sacó de su maletín una tarjeta de presentación, en ella estaba toda la información para que Caridad pueda encontrar el estudio fotográfico. **"Por cierto, mi nombre es Leison,"** él dijo, acercando la tarjeta a ella. **"Te espero en la tarde."**

Caridad sonrió, tomando la tarjeta de la mano de Leison. **"Mucho gusto,"** **ella dijo, "me llamo Caridad."**

Escucharla decir su nombre fue un regalo para él. En realidad jamás pensó llegar tan lejos, todo estaba planeado, desde luego, pero incluso de esa forma era casi imposible predecir el comportamiento de dos personas.

Ellos se despidieron como amigos y dejaron una incertidumbre. Ninguno sabía lo que podía pasar, ninguno estaba seguro de ser capaz de continuar con los planes del día, está iba a ser una larga mañana para los dos.

Sin embargo, ellos continuaron con sus planes, un día de descanso para Caridad, y una mañana de trabajo para Leison. Él siempre trabajaba en un lugar diferente, en ocasiones era necesario permanecer en el estudio por horas, pero hoy era diferente. Leison estaba listo para subir al parque a tomar fotos, él quería probar su nuevo lente telescópico.

Los dos caminaron al estacionamiento.

"**Las fotos no tienen que ser ahora,**" él dijo.

"**¿A qué te refieres?**" preguntó Caridad.

"**Parece que me estás siguiendo,**" dijo Leison con una sonrisa.

"**Voy por el coche,**" dijo Caridad.

Leison se detuvo junto a su camioneta.

"**¿Tu estudio es tu camioneta?**" preguntó Caridad.

"**Te sorprendería. Ahora mismo la voy a llevar, allá,**" dijo Leison apuntando a la cima de la loma. "**Voy a tomar fotos de aves.**"

¿**Ese es tu trabajo?**" preguntó Caridad con curiosidad.

"**La vida de un fotógrafo es perseguir la belleza,**" dijo Leison.

"Por eso me quieres llevar a tu estudio," dijo Caridad con una sonrisa.

"Nada de eso," dijo Leison. **"Aunque tengo la idea de que el lente te amará."**

"¿Qué quieres decir con eso?" preguntó Caridad.

"Vamos," dijo Leison, **"acompáñame y te indico."**

Caridad se quedó en silencio. Una parte de ella quería creer que este hombre era diferente, pero sus experiencias le hacían dudar, aunque había algo inusual en Leison, algo que ella encontraba especial. **"Qué diablos,"** dijo Caridad.

Ella se llenó de coraje para tomar un riesgo, era imposible estar segura, sin embargo, solo iban a tomar fotos a unos minutos de la ciudad, no había nada malo en eso. Aún así, ella tenía que hacerlo.

"Tenemos un excelente sol," dijo Leison, **"pero debemos apresurarnos. Estarás de regreso antes de que lo notes."**

"Está bien," dijo Caridad, mirándolo fijamente. **"Quiero que me respondas una pregunta."**

"Lo que sea," dijo Leison.

"¿Eres un psicópata que me quiere hacer daño?"

Leison se quedó en silencio. **"No, cómo crees."**

"Es mejor estar segura," dijo Caridad con una sonrisa, después caminó hacia la puerta del copiloto.

Los dos subieron a la camioneta y viajaron a través de la ciudad hasta llegar a su destino.

El viaje no fue largo, estaban cerca del lugar que Leison escogió para tomar fotos, él estaba listo para pasar todo el día en búsqueda de una toma especial, normalmente pasaban horas antes de que este satisfecho con su trabajo. Leison apreciaba demasiado su talento para ser capaz de comprar la foto de un novato que se encontró con la belleza con otra que tomó meses perseguir, para él un gran fotógrafo sabía cómo extraer una imagen con pasión.

Caridad notó, casi al instante, que se trataba de un profesional. Leison meticulosamente tomó sus herramientas de un baúl de metal en el cajón de su camioneta, al parecer él estaba listo en caso de que la imagen perfecta apareciera, porque tenía lentes, cámaras, luces y demás.

"¿Qué es todo lo que llevas ahí?" preguntó Caridad al verlo buscar en el baúl.

"Esto es un secreto que no debe salir de nosotros," dijo Leison, poniendo su dedo índice sobre los labios. **"Solo es mi equipo, pero es mejor ser precavido."**

Ella sonrió. **"Realmente eres fotógrafo."**

"Acaso nunca ha conocido a un fotógrafo," él dijo.

"En realidad," ella dijo, **"no estoy segura."**

"Estás a punto de llevarte una sorpresa," dijo él, girando para caminar en dirección del bosque.

Leison no sabía lo que estaba buscando, en realidad, nunca lo hacía. Él quería encontrar una imagen para su colección, algo que lo hiciera sentir feliz, y solo sabía lo que era cuando lo encontraba. De todas formas, Leison caminó con seguridad como si algún lugar lo estuviera esperando para robarle al mundo un pedazo de belleza.

"¿A dónde es que me llevas?" preguntó Caridad, después de caminar en silencio por un instante.

"Estamos buscando una señal," él respondió, y giró para mirarla. **"Es como la luz que, justo ahora golpea tu rostro."** Leison levantó la cámara que colgaba de su cuello y tomó una foto.

Caridad se detuvo.

"Mira," él dijo.

Caridad se acercó a la pantalla para mirar, era imposible. **"¿Cómo logras que me vea así?"**

"Pero..." dijo Leison, **"así es como te veo todo el tiempo. Déjame tomar otra."**

Caridad estaría lista, ella debía posar un poco para que el ángulo sea perfecto...

"Mira eso," dijo Leison, apuntando con un dedo al cielo. Años de experiencia le enseñaron a dividir al tiempo en imágenes, solo así era capaz de saber precisamente cuando presionar el botón, y lo hizo.

Caridad escuchó a la cámara. **"Tramposo..."**

"Mira," dijo Leison al acercarse a ella.

Caridad estaba sorprendida por su belleza.

"**Sígueme,**" dijo Leison. "**Conozco el lugar perfecto.**"

Caridad olvidó todos sus temores y dudas, ella solo quería seguir a este intrigante personaje. "**Entonces, ¿me vas a tomar más fotos?**"

"**No sé porque,**" dijo Leison. "**pero creo que el día de hoy voy a conseguir excelentes fotos.**"

Ellos siguieron caminando, la fragancia de la verde naturaleza los atrapó lentamente. A los pocos minutos de emprender su caminata, el trinar de las aves parecía ser parte de la melodía de la brisa sobre los árboles, mientras el sol de la mañana empezaba a dar vida a todo lo que alcanzaba. Leison buscaba imágenes entre arbustos, miraba con atención a las aves pasar, él tenía que encontrar esa imagen que la montaña ofrecía.

Caridad caminaba cómoda con sus leggins negras, su saco de lana cubriendo su cadera. Ella perdió de vista al fotógrafo, para Caridad solo existía la belleza natural que la rodeaba, esto era justo lo que estaba buscando, tan cerca de su casa, pero inalcanzable.

Leison era el portador de las llaves, solo él podía caminar sin miedo por las praderas del mundo, llegar a los lugares que otros temen, y por supuesto, llevar visitas. Caridad estaba encantada de verlo trabajar, buscar imágenes con su lente, perseguir aves y capturarlas en su cámara.

"No te muevas," dijo Leison, después empezó a tomar fotos de ella. Quizá era la luz del mañana o magia pero Caridad seguía encantada a ver su reflejo en la pantalla de la cámara.

"¿Así está bien?" ella preguntó.

"**Perfecto,**" él dijo. "**Pero intenta poner tu cuerpo de esta forma.**" Claro que Leison se veía gracioso al mostrar la pose, ya que esta requería la delicadeza femenina.

"**Ja ja ja,**" ella empezó a reír. "**¿Qué estás haciendo?**"

"**Espera,**" él dijo, "**voy para allá y te indico.**"

Lo que él pedía de ella era sencillo. Leison solo quería resaltar las curvas naturales de Caridad.

"**Tienes que poner tu cuerpo de esta forma,**" él explicó.

Caridad se quedó en silencio, poniendo atención.

"**Eso es,**" él dijo, luego dio un paso hacia atrás para verla. "**¡Perfecto!**" Después, Leison se alejó en búsqueda de un mejor ángulo. El lugar estaba rodeado de troncos, el piso cubierto de delgadas plantas verdes.

"¿Así está bien?" ella preguntó, cambiando de posición, concentrada en el sonido de la cámara.

"Muy bien," dijo Leison, luego empezó a caminar.

Caridad sonrió al verlo acercarse, después de todo, ella quería ver sus fotos.

"Mira," Leison dijo al levantar su cámara para que ella pueda ver la pantalla.

"Me encantan, pero..." Caridad se quedó en silencio por un instante. **"Esta ropa que traigo no me favorece. Si hubiese sabido que tendría sesión fotográfica."**

"**Quítate la ropa,**" dijo Leison.

"**Debes estar bromeando,**" dijo Caridad.

"**Hago esto todo el tiempo**," él dijo. "**Es más, te voy a dar un descuento especial**."

"**¿Quieres que me desnude?**" ella dijo.

"**Estamos en un lugar privado,**" él dijo. "**Además, ¿cuándo vas a tener la oportunidad de estar en este lugar con un fotógrafo profesional.**"

Ella se detuvo. Tenía que tomar una decisión para continuar con esta grata experiencia, pero no conocía a este hombre, sin embargo, Caridad acumulo todo el valor que tiene y empezó a desnudarse.

Leison giró la cara al verla jalar el saco sobre su cabeza, sin embargo siguió viendo. Caridad intentó con gracia desnudarse hasta quedar en ropa interior.

"**¿Estás segura?**" pregunto Leison.

"**¿De qué?**" ella dijo.

"**Vas a salir en una sesión fotográfica con esa ropa interior,**" él dijo.

"**¿Quieres que me saque todo?**" dijo Caridad con cara de sorpresa.

"**Como tú quieras**," dijo Leison, mirando a Caridad bajar su tanga al piso.

Leison tomó más fotos de las que pensó encontrar en el bosque, hasta encontrar lo que estaba buscando. La vida dio una vuelta dura a Caridad, ese día se ilusionó perdidamente, a partir de ese momento conoció la locura, las drogas, el sexo, ese día volvió a nacer, solo que ese nacimiento duró un mes, que relación seria podría nacer de un fotógrafo feliz y una empresaria del café, sus ideas eran diferentes, él necesitaba conocer el mundo no renunciaría nunca a su libertad, ella quería y necesitaba estabilidad, pero por nada del mundo cambiaría lo que había vivido ese mes.

Luego de un doloroso fin de la relación que ella pensaba sería para toda la vida y había durado un mes, despechada con el destino, Caridad decidió alejarse de su ciudad. Cruzando el océano se encontraba Andrés, él siempre estuvo cerca cuando ella más lo necesitaba y el e mail pidiéndole verla no podía haber llegado en mejor momento. Así que, Caridad emprendió un corto viaje por el mundo para encontrar lo que se le había perdido.

Llegar a Boston fue justo lo que necesitaba, todo era nuevo e inexplorado, un lugar mágico para perderse en el presente, y ser capaz de dejar ir los recuerdos que la atormentaban. Sin embargo, el día fue como cualquier otro, ella dio un paseo por la ciudad, pero había algo más que ella necesitaba hacer, antes de ver a Andrés quería divertirse, no sabía que le depararía el destino.

Al regresar al hotel, llamó a su amiga Jeremy, ella sugirió salir a un club para divertirse un poco. Ella quería ayudar a su amiga, ella parecía estar perdida en su cabeza, los recuerdos girando una y otra vez en una película que parece jamás terminar. Caridad conocía el lugar perfecto, escondido en la ciudad se encontraba un verdadero club disco, lleno de luces y colores; ella sabía que ahí podrá pasar horas en silencio, dejando que su mente viva el presente.

Caridad, desde luego, estaba lista para lucir reluciente para la noche. Ella escogió meticulosamente los vestidos para su viaje, era de suma importancia lograr dejar atrás el pasado, seguir con su vida pese a las caídas. Así que, cuando ella escuchó la idea, no tardó en prepararse para salir.

Pocas horas más tarde, después de unos tragos y unas lagrimas, lograron llegar al lugar indicado. Por afuera era tan solo una casa más de aquélla poco transitada calle, sin embargo, en su exterior se empezaba a ver la energía que brotaba a través de la puerta. Algo le decía a Caridad que esta es una noche para romper nuevamente las reglas, dejarse llevar por el presente, vivir.

Caridad fue la primera en entrar al lugar, y ella no esperaba encontrarse con algo mágico. Sus altas paredes hacían que el cuarto se viera más grande, incluso, de lo que era, el escenario se encontraba en medio de la habitación, y como en un teatro las mesas estaban en niveles progresivos rodeando a un artista componiendo música electrónica.

Caridad se quedó inmóvil, olvidando sus recuerdos, perdida en un mar de sonidos que jamás había escuchado, navegando entre sus armonías. Ella sintió flotar por un instante, pero Jeremy la volvió a la realidad.

"Vamos a comprar algo," ella dijo señalando a uno de los bares del lugar.

El bar estaba rodeado de personas, bebiendo y admirando el espectáculo. Desde la barra se podía ver un gran grupo de personas bailar alrededor del escenario.

Jeremy se acercó a la barra y pidió dos bebidas, en poco tiempo le entregaron un pequeño vaso con un cuarto de líquido amarillo, y otro alto lleno de lo que parece ser un té helado. Jeremy llevó al alto vaso hacia Caridad, ella sonrió al ver que ella todavía recordaba su bebida favorita.

Ellas pasearon por el lugar, bebiendo y disfrutado del laberinto que uno debe cruzar para llegar a la pista de baile. Hasta que finalmente se encontraron con una multitud, todos observando con atención el espectáculo, dejándose llevar por los sonidos que el artista encontró después de horas de indagación, Jeremy saludaba a uno y a otro, ese era su ambiente.

Caridad empezó a sentir los efectos del alcohol, sin embargo, esta vez llegaron de repente, cuando menos se lo esperaba y pese a su experiencia, ella tropezó. Iba a ser imposible que recuperara el equilibrio, tenía sus pies cruzados entre ellos, enredados pero intentando mantener el balance. Caridad se dirigía al piso, sin embargo, los rápidos reflejos de un extraño la alcanzaron, él la tomó del vestido sosteniéndola antes de estrellarse, ella estaba flotando.

Caridad no podía creer que su caída fue detenida, ella rápidamente puso sus pies en el piso y se alejó del extraño. La tela de su blusa estaba estirada hacia atrás, ella empezó a arreglar un poco su cabello, Caridad sonrió con dulzura, ella todavía no estaba segura de lo que acabó de suceder.

El extraño—Jean Piero— bajó la mirada, luego le preguntó a Caridad si estaba bien, estirando su mano entre la bulla del lugar. Ella lo miró, su espalda ancha y esa capacidad para sostenerla antes de caer, ella decidió dejarse llevar por el presente tomando la mano del extraño. Jean Piero, desde luego, no entendía lo que estaba sucediendo, sin embargo, al notar que ella no alejaba su mano decidió llevarla a bailar.

Los dos se perdieron entre sonidos, dejando que sean estos los que dirigen el ritmo de sus cuerpos. Ellos disfrutaron volar, ser llevados a un mundo que no conocían, un lugar donde podían hablar sin necesidad de palabras. Su colisión era inevitable y Caridad sabía que él también estaba interesado, ella lo podía sentir con sus glúteos mientras bailaba frente a Jean Piero.

Esta no era una noche para formalidades, Caridad lo quería sentir, así que lo acarició con una mano. Jean Piero se sorprendió, sus ojos bien abiertos mientras ella lo acariciaba con dulzura, después él la besó. Sus labios parecían expresar sus deseos, ellos continuaron bailando un poco, intentando controlarse. Sin embargo, Caridad decidió tomar a Jean Piero de una mano, llevarlo en búsqueda de...

Ellos recorrieron el lugar, subiendo a los diferentes niveles, buscando un escondite, pero no lo lograron. Así que, sin pensar en consecuencias, Caridad lo sacó del lugar, de regreso al silencio de una calle poco transitada, bajo al frío de la noche. Jean Piero la tomó de una mano para acercarla a su cuerpo, ella se dejó besar por un instante antes de caminar en dirección al primer lugar que encontró.

Al entrar notaron que se trataba de un pequeño cuarto de seguridad, una pared estaba llena de pantallas. Sin embargo, el lugar estaba vacío, ellos miraron detenidamente el lugar antes de que sus miradas se encuentren. No había otra opción, ellos empezaron a besarse. Caridad lo empujó contra una de las paredes, y empezó a abrir el cinturón, ella parecía tener prisa por desabrochar el botón y bajar el cierre. En un instante los pantalones de Jean Piero estaban en el piso, ella lo siguió acariciando, de la misma forma que hizo en la pista de baile, solo que ahora no había nada entre ellos.

Caridad no pudo contener su deseo. Ella quería saborear la piel desnuda de su compañero, dejarla dentro de su boca y seguir disfrutando cada gota. Y, Caridad lo hizo sin pensarlo, cayendo sobre sus rodillas para estar más cómoda, buscando en centro líquido de un dulce que no puedes morder, haciendo que Jean Piero se perdiera en placer.

Ella continuó hasta que sintió la mano de su compañero sobre su cabeza, Caridad levantó la mirada para observar la expresión de sorpresa en su compañero. Al parecer todos los Gringos ponen la misma cara, ella pensó. Después, alejó su cabeza sin detener el movimiento de su mano hasta verlo estallar.

Los dos regresaron al lugar donde todo empezó, Caridad no podía esperar para contar a Jeremy lo que había pasado. Desde luego, Jean Piero sugirió que fueran a su apartamento, sin embargo su noche terminó más rápido de lo que esperaban, ella se fue con Jeremy y cayó rendida al llegar y Jean Piero tuvo que pasar la noche en su casa. Sin embargo, él alcanzó a entrar a una de sus redes sociales antes de quedarse dormido. Dejando al descubierto la identidad de una joven empresaria que salió de paseo con su mejor amiga.

"Se dice que la lujuria hace envejecer al hombre, pero mantiene joven a la mujer."

RAYMOND CHANDLER

ANDRÉS Y CARIDAD

Habían pasado cinco años sin verse, Caridad aun no lograba olvidar la cara y la reacción de Andrés el día que María Mercedes lo despidió, sin saber cómo, a los seis meses de ese instante habían hecho contacto por redes sociales y habían entablado una relación rara, se hablaban cada vez que se necesitaban, sin estar eran el uno del otro, podían pasar seis meses o un año sin hablarse, pero cuando lo hacían eran capaces de hacerlo por horas.

Ella era la nueva empresaria del Café, había cumplido con su cometido, había llevado el negocio a otro nivel, París, Viena, Milán, Londres ya conocían los productos de la familia, Café Sofía, era una marca de gran alcance, pero su vida personal era un desastre, ya había perdido la cuenta de con cuantas personas había dormido buscando el amor perfecto, ya no se acordaba cuantas veces se había quedado dormida llorando acompañada de su soledad, se arrepentía de tanto y de tan poco que necesitaba poner los pies en la tierra, tenía que buscar otra forma de vivir, tenía que volver a sus raíces. Una vez llena de soledad se había embriagado de tal forma que se atrevió a llamar por video llamada a Andrés quien dormido le respondió, ella solo pudo decirle " **te amooooo**" y él entre dormido y sorprendido no alcanzó sino a contestarle "**te pasa algo?**", para buena suerte de ella, el teléfono se quedó sin carga y la conversación quedó ahí. Al otro día ella le envió un mensaje pidiéndole disculpas, él caballero como siempre no respondió para no avergonzarla.

Él, ya era un Abogado de otro nivel, ya se cotizaba, no había decisión importante en la firma en la que no se le consultara, ya tenía mucho dinero, su estabilidad no estaba en duda, solo lo aquejaba la soledad, el dinero no es todo en la vida se repetía a diario, tenía dos grandes dolores en su vida, el primero vivir separado de su familia, hace dos años había fallecido Don Rodrigo, solas quedaron su Madre y sus hermanas, él era el hombre de la casa en algún momento mas pronto que tarde debería volver a su tierra, jamás se perdonaría perder a otro familiar sin estar cerca y el otro dolor era la soledad, el necesitaba a una mujer inteligente, no le importaba su físico, quería inteligencia, Caridad era eso, Belleza e inteligencia al mismo tiempo, él sabía que era ella la adecuada y ella sabía que era él, ya había perdido la cuenta de las veces que se habían entregado por teléfono, ya había perdido la cuenta de las veces que la había soñado, era hermosa, era bella, era inteligente, era ella y ese día se verían, ella había llegado dos días antes pero aun no se habían visto solo habían fijado una cita para desayunar, él tenía que dejar todo listo en su trabajo, no quería que nada interrumpiera tan importante reunión. Además su última noche no había sido la mejor, el sueño no fue placentero y ya estaba algo mayorcito como para desvelarse contando ovejas.

Ese hotel tenía algo mágico, un lobby espectacular, un ambiente clásico, un servicio único, los nervios la mataban, esa mañana amaneció muy temprano, pidió un café negro a la habitación quería llegar despierta a la reunión, nada podía quedar sujeto a la improvisación, ese día decidió vestirse como nunca lo había hecho, se coloco sus zapatillas punta de aguja negras, el collar de perlas que le regaló su hermana y ese sobretodo negro que le gustaba tanto, era negro y muy suave, por dentro el forro lo hacía sentir fresco, lo que le permitía jugar con el clima, cabello suelto, un cartier dorado fino y su Chanel N° 5.

Que difícil, era llegar al hotel, el tránsito a esa hora se ponía pesado, en que estaba pensando cuando la invitó a desayunar, porque no se le ocurrió una cena, si quería conquistarla debía cambiar su forma de ver las cosas, no era un negocio era su vida por lo que estaba luchando, siempre trataba de manejar su vida como si fuera un juego de ajedrez, planificaba siete pasos, ese día solo tenía planificado tres, saludarla, mirarla a los ojos y abrirle el corazón, no había de otra, ese era el momento, ya su asistente sabía lo que tenía que hacer durante su ausencia, había pedido tres días de permiso para realizar diligencias personales, tres días que iba a dedicar solo a Caridad, se vistió con traje negro, corbata roja, camisa blanca y zapatos negros un "Monte Cristo" para después del almuerzo (y si no había almuerzo, no lo había previsto) solo lo acompañaba su fe de que todo iba a estar bien.

Llegó al hotel, en recepción una señorita muy bien vestida lo recibe y ante la pregunta le indica que el restaurante de la terraza estaba cerrado ese día por una remodelación que no pudieron terminar en el tiempo preciso, se disculpó en nombre del hotel y le indicó que podía ir al restaurant del segundo piso, él asintió y procedió a tomar el ascensor, llegó 10 minutos antes de la hora, entro al restaurante y solicitó que por favor se le lograra ubicar en una mesa que su vista diera al Jardín interno del hotel, de una vez fue atendido y complacido ante la petición, extrañamente ese día el restaurante estaba solo. Inmediatamente sacó el móvil e iba a colocarlo en modo avión, cuando observó que había recibido un e mail, lo abrió y empezó a leerlo, en ese instante una sonrisa de satisfacción lo invadió, lo había conseguido, por todo lo que había trabajado había valido la pena, se consiguió lo que esperaba con tantas ansías, empezó a responderlo lleno de emoción cuando una voz conocida le dice "**el que solo se ríe de sus picardías se acuerda**" él dejo el teléfono sobre la mesa y se puso de pié, era Caridad, era ella, era única, estaba hermosísima nunca la había visto así, como había cambiado, con todo el respeto la abrazó, pero fue un abrazo especial, fue un abrazo de esos que salen del alma, que duran veinte segundos pero que se sienten como si fueran eternos, ella lo abrazó muy duro y le dijo "**no has cambiado nada**" él le dijo "**tú sí, estas hermosa**", se miraron a los ojos y ella suavemente le dio un beso al lado de sus labios que lo hizo temblar.

Se sentaron, él le fue a retirar el sobretodo para que estuviera mas cómoda y ella le dijo que no, que así estaba bien, él se sentó y pidió café negro para los dos, sin azúcar por favor dijeron los dos al mismo tiempo, se rieron y hablaron de todo, como dos niños, el tiempo pasó volando, cuando fueron a pedir el desayuno, escogieron unas tostadas con mermelada de arándonos ya era cerca de media mañana, él le dice que si quiere dar una vuelta por la ciudad, que tiene tres días libres para ella y ella le dice que sí, pero que primero suban a la habitación para entregarle unos documentos que quiere que él lea y para ella colocarse algo mas cómodo, él le dice que sí pero que le da vergüenza, que puedan decir de que él la acompañe a la habitación y ella le respondió, son asuntos de trabajo. Pidieron la cuenta, él la pagó y se retiraron.

En el ascensor, por instinto otra vez trató de revisar el teléfono, ella le dijo "**si revisas tu teléfono prendo el mío así no hablamos entre tú y yo sino con terceros**" él entendió se disculpó y lo apagó, entraron a la habitación y ella le pidió que por favor la esperara en la mini sala que tenia la habitación, él tomó asiento en un sofá bastante cómodo y ella le entregó un sobre para que lo revisara y le dijo que ya conversaban de eso, que ella se iba a cambiar, él abrió el sobre y dentro había otro sobre, el abrió el segundo y dentro había otro sobre, él se sonrió y abrió el tercer sobre, ahí si ya no había un nuevo sobre, había una fotografía de hace cinco años, en la que estaban ella y él bailando en la noche del grado de María Mercedes, que sorpresa cuando la volteó había una dedicatoria "**siempre mío siempre tuya**" él no salía del asombro y cuando levantó la mirada ahí estaba Caridad con su sobretodo y esos zapatos que nunca olvidaría por el resto de su vida, mirándolo fijamente y empezó a soltarse uno a uno los botones, él no sabía qué hacer y cuando trató de decir algo, ella le pidió que se callara, cuando se soltó el ultimo botón el sobretodo cayó al piso y completamente desnuda ella caminó hacia él, era perfecta unos senos muy lindos, completamente paraditos, ella se le acercó y él trato de incorporarse ella no lo dejó, solo se colocó al frente de él y le tomó la mano y se la colocó en su zona , allí él ya sabía que hacer, suavemente comenzó a tocarla y ella solo temblaba, cuando ya las pruebas eran evidentes de que estaba fuera de sí, acercó su boca y el cunnilingus hizo historia, ella lo agarró y le soltó la corbata, le quitó el traje y con una maestría única le soltó el cinturón, él la quería llevar a la cama y ella dijo no, el sofá era el sitio ideal, allí se perdieron los claros y oscuros, los inviernos y los otoños, no hubo un solo sitio de sus cuerpos que no se conocieran y donde no hubiera amor.

Al terminar se fueron a la cama, durmieron abrazados un rato y casi después de medio día se despertaron, ella bajó a consentirlo y lo hizo sentir vivo, sus uñas se arrastran por sus muslos hacia abajo. A la vez, sus labios paseaban por su abdomen con el mismo destino. La excitación comienza a ser insoportable, casi dolorosa. Provoca que su espalda se arquee en busca de más.

Ahora es su lengua la que, en un roce lánguido y ardiente lo descontrola. Él ahoga un gemido y enreda los dedos en su pelo azabache. Deja que sus manos se pierdan entre los mechones despeinados y, en una señal silenciosa y desesperada, tiró de ellos al mismo tiempo que trata de acercar su cabeza a su anatomía. Ella comprende el mensaje y, tras dejar un mordisco en la parte baja de su abdomen, sigue bajando. Luego se ayuda con las manos para hacerlo sentir vivo. Siente frío, pero enseguida siente su boca que besa su rodilla con suavidad antes de separar sus piernas.

Andrés no es capaz de hilar un solo pensamiento. Sus músculos también se han rendido hace tiempo, han perdido toda la fuerza —la acumula—. Se abandona a la sensación que le produce la punta de su lengua delineando su verdad, la piel que se eriza, el escalofrío que le atraviesa. Sus manos, que mantenían sus extremidades inferiores lejos la una de la otra, ahora agarran sus nalgas y acompañan esos movimientos acompasados que hace su boca.

El placer se acumula en su centro como el ojo de un huracán. Se gesta, crece y se vuelve inaguantable. Sus labios succionan, acarician. Sus dientes mordisquean. Su lengua lame lento y delicado. Dentro, un puro círculo en movimiento de categoría cinco en la escala de Saffir-Simpson, esa mañana tarde, Caridad lo trató como nunca nadie lo había hecho y él a ella como el único caballero que la había conquistado, terminaron placenteramente, se ducharon y vistiéndose, se miraron a los ojos, y sin decirse nada se besaron apasionadamente hasta que él tímidamente le dijo "**te amo**" y ella entre sonrojada y emocionada le contestó "**yo también**".

Nada mas salieron del hotel fueron el Freedom Trail, un recorrido por 16 puntos históricos de la ciudad. El camino está señalizado con ladrillos rojos en el suelo por lo que es muy fácil de seguir, ella con pantalones de mescilla, una camisa blanca y zapatos bajitos, él con su traje sin corbata, el recorrido es de unos 4 km de longitud y Empieza en Boston Common y acaba en Bunker Hill Monument, en la zona de Charlestown, en ningún instante se soltaron de la mano, se tomaron fotos y en cada oportunidad hubo un gesto romántico

Fueron a cenar a Tangiareno, Ubicado en una calle muy linda en medio de Charlestown, un restaurante marroquí ideal para impresionarla. Se sentaron uno al lado del otro, la mesa estaba decorada con pétalos de rosa y estaba separada de las mesas vecinas por telas rojas semi-traslúcidas. Pidieron de entrada una pasta filo rellena de pollo que curiosamente venia espolvoreada con azúcar en polvo y canela. La mezcla, aunque a primera vista les causo gracia y curiosidad, resultó perfecta. Después de la cena, bajaron al lounge. Sentados cómodamente en un sofá, allí disfrutaron de un exótico té de menta y fumaron hookah. Nada podía dañar ese momento.

Salieron del Restaurant y ella lo invitó a sentarse en un banca, sin que mediaran palabras le contó todo lo que había hecho y vivido en los últimos cinco años, desde su primera experiencia, pasando por sus desmanes hasta lo que lo que había pasado la noche anterior, ella sabía que debía ser sincera que si quería ganar debía jugar en blanco, él solo la escuchó, cuando ella terminó le dijo, "**solo te diré dos cosas**", la primera "**te amo con todo y tu pasado**" y la segunda "**yo no soy nadie para juzgarte**", ella lo besó y se fueron caminado hasta el hotel, esa noche hicieron el amor, solo se abrazaron sin sexo.

Al otro día, Caridad despertó sobresaltada, porque no consiguió a Andrés en la habitación, al rato llegó él con unas rosas y un café negro sin azúcar, la besó y ella correspondió, agarró las rosas y al colocarlas en la mesa de noche, cayó una nota, ella la miró y entendió que debía recogerla y leerla y en un correcto castellano le decía "**te casas conmigo**", ella se quedó inmóvil en total silencio no sabía qué hacer ni que decir, él le dijo "**acá**

no importa nuestro pasado sino nuestro futuro" un futuro que querían juntos, ella le dijo sí pero de una vez le preguntó, "**donde vamos a vivir en Paris o en Bostón**? Y él le respondió que volverían a su país, ya con lo que él había ganado podían vivir cómodos y podrían trabajar no por necesidad sino por gusto, ella le dijo "**no, yo trabajo para mi**" y él le respondió "**trabajes o no, esa es tu decisión, pero te vas conmigo**" ella entendió que había llegado su momento y que tenía que hacerlo, que no había marcha atrás, Andrés había comprado una ropa mas cómoda para la ocasión, ella se levantó de la cama, se duchó y bajaron a desayunar y al terminar se fueron a seguir conociendo la ciudad.

Después de tres días de cenas, paseos, amor, sexo, había que volver a la realidad, Caridad se despertó esa mañana y suavemente cerró la puerta de la habitación donde Andrés aun dormía y fue por un café, en todo el trayecto solo pensó en que le iba a decir a Andrés, cuando llegó con el Café, Andrés ya la esperaba despierto y la invitó a sentarse y con tono dulce pero serio le dijo "**No hay vuelta atrás**" ella lo miró sorprendida y Andrés nuevamente le dijo "**Cuanto tiempo necesitas para organizar tus cosas**" y ella en el fondo descansó porque era lo que mas le preocupaba y le dijo "**un año**" él le respondió "**perfecto pero nos veremos por lo menos cada tres meses**" ella asintió y solo atinó a decirle "**no quiero que mi familia se entere hasta que lleguemos allá**" y él le dijo "**así será**", Caridad debía empezar a delegar las actividades que había iniciado, debía conversar con María Mercedes y decirle que para ella su felicidad era mas importante que el dinero y que su felicidad era junto a Andrés.

La verdad es que nada resulta imprescindible cuando uno sabe que abandonarlo le valió la libertad.

Ariel Magnus.

Bella

Desde que María Mercedes, maneja la empresa, Don Horacio poco va por allá y Bella se ha vuelto la estrella en el área legal, ahora como profesional y antes como estudiante siempre tuvo tino para buscar las mejores soluciones ante las consultas planteadas, su capacidad innata le había ahorrado grandes conflictos a María Mercedes.

Desde hace dos años ya no vivía en la casa materna, allá habían quedado Don Horacio, Doña Isabel y María Mercedes, si quería ser libre, debía vivir sola, se repetía constantemente.

Un amigo de la Universidad, que es bien gay, solía decirle esta frase que le reventaba los ovarios: **"Las lesbianas solo se torean"**. Se tuvo que sentar a explicarle lo siguiente con peras y manzanas. Además de la misoginia que implica esta pobre declaración (que estan empecinadas en alborotar hormonas, o sea, que calientan el agua para no meterse a bañar), hay una serie de mitos perniciosos acerca de las mujeres que tienen relaciones (no solamente amorosas, sino sexuales) con otras mujeres. Siempre le decía haz un repaso por la historia de la violencia y la discriminación lesbofóbica (o bifóbica en su caso) y las representaciones erróneas que tienen de ellas: que odian a los hombres o que amarían ser uno de ellos, que una de ellas es el "hombre" y la otra es la "mujer" de la relación, que fueron abusadas sexualmente y por eso se pasaron al otro lado, que es una etapa, que les gustan todas las mujeres que existen sobre la Tierra, que odian los vestidos, que están obsesionadas con el compromiso y por eso se mudan juntas a la segunda cita, que no usan lencería sexy y que no puede haber sexo sin un pene de por medio. Debido a que esta visión falocentrista ella decidió vivir su vida libremente.

Un día María Mercedes, feliz por los resultados del ejercicio económico y con dos Brandy en la cabeza, le recriminó por su decisión y ella le respondió " **Tú vives enamorada de un vago que hace 5 años no vez y Caridad vive su vida feliz en Paris**

sin que nadie opine, si yo no me preocupo por qué lo harías tu" María Mercedes, entendió que se había equivocado, pidió disculpas y le pidió que le contara para ella estar clara y no preguntar mas nunca, y ella le contó...

"Siempre estuve enamorada de una amiga, la conozco desde que tenía ocho o nueve años. Y mi primera vez fue con ella. En mi cumpleaños 24 se quedó a dormir en casa. Toda la noche no paramos de acariciarnos y no soltarnos. Mi corazón no dejó de latir y mi cuerpo estaba extasiado por la suavidad de su cuerpo. Esa sensación de su olor y cuerpo me duró una semana, hasta que regresó, se quedó a dormir en casa una vez más y esa noche fue la más increíble de mi vida. No paramos, el tiempo se fue volando, besarla, sentirla fue

fantástico. Al día siguiente camino a la Facultad, pensé que me daría un ataque al corazón. Me palpitaba como nunca. Después de esa noche, ya no lo dudé más, amaba a las mujeres".

María Mercedes, callada y curiosa al mismo tiempo no decía nada y Bella siguió hablando...

"**Cuando la conocí fuimos a su habitación en ella se reflejaban el rojo de las cortinas, tenía piletas de libros en el piso y un mapamundi pegado en la pared. Besé los hoyuelos de sus mejillas, las pecas de su nariz. Ella comenzó a bajar por mi ombligo hasta mi vagina. Ahí, besó mis cuatro labios, succionaba, palpaba con su lengua. Mi corazón latía tan fuerte como un caballo bajando palpitante hasta su** boca. Me tomó entre las piernas y me quitó por completo la ropa, recorrió cada espacio de mi cuerpo, como si no hubiese futuro. Besaba mis pezones como si lactara, me abrazó con ella y me separó las piernas juntando su sexo con el mío. Un gemido mutuo, casi al grado de querer morirnos despertó a los vecinos que estaban en la otra habitación. Mi orgasmo fue tan profundo que me puse a llorar"

Bella continuó hablando, nunca había tenido la oportunidad de hacerlo con alguien de su familia y le dijo a María Mercedes, "**quieres que te diga porque soy feliz**" y María Mercedes le dijo que si y ella le respondió...

"**Las lesbianas somos mujeres que deseamos y amamos a otras mujeres, somos solo unas mujeres construidas dentro del patriarcado** en que vivimos, pero al que un día decidimos darle con la puerta en las narices y enfrentarnos a él, retarlo; mujeres, por tanto, posicionadas, si no todas desde el feminismo, sí desde la justicia social (primero por ser mujeres y después por nuestra identidad lésbica); mujeres que tenemos claro que la independencia respecto al varón va más allá del deseo sexual, ya que comprende todo los estamentos de la vida (profesional, social, político, afectivo), por lo tanto nos hemos hecho a nosotras mismas independientes. También hemos potenciado la creatividad y, por tanto, somos capaces de apostar por una estética diferente a la normativa. Las lesbianas somos grandes luchadoras, situadas siempre en los márgenes, dentro y fuera del discurso heteronormativo, dentro y fuera del discurso neoliberal, dentro y fuera del discurso amoroso... Pero, precisamente, ese estar tan alejada del interior social hace que el mundo adquiera nuevas posibilidades y nuevos matices.

Las lesbianas estamos en todas partes, aunque tristemente no *somos* siempre porque se empeñan en no dejarnos ser, lo que nos imprime a veces también cierta soledad y/o tristeza. Las lesbianas nos distinguimos por saber lidiar con la soledad, ya que ha sido fiel compañera de nuestras vidas en innumerables ocasiones y contextos.

Asimismo, tenemos una capacidad de autocrítica mayor y un mayor conocimiento de nosotras mismas, una mayor conciencia de nuestra identidad, ya que nos la hemos tenido que cuestionar, replantear, e incluso defender. Las lesbianas somos el grito y el silencio, el enfrentamiento y la amistad, la rabia y la paz.

Por lo general, valoramos mucho más la amistad y la familia elegida, ya que estamos acostumbradas a que, una vez salimos del armario y decidimos llevar una vida visible (sin mentiras ni escondites de emergencia), perdemos gente por el camino. Por eso seleccionamos bien la gente que nos quiere y la valoramos, ya que vivir con el rechazo como fantasma tiene como consecuencia que valores aún más a las personas que te hacen la vida más fácil, más alegre y más llevadera. El respeto cobra un valor especial en nuestras vidas. Y el cuidado y apoyo a las personas que queremos, también.
Somos especialistas en deconstruir las relaciones: experimentamos nuevas formas de relacionarnos con nuestra pareja, con las amistades, etc. A menos que sea un caso excepcional, tendemos a llevarnos bien con nuestras ex, a mantener la relación de amistad con ellas a

posteriori y a integrarlas en nuestras familias elegidas. Y así, convivimos con nuestras ex, con las ex de nuestra pareja (que a veces pueden coincidir), con las de nuestras amigas...
Sin embargo, para aquellas lesbianas que no se han deconstruido en lo que al amor romántico respecta, al juntarse son frecuentes entonces las relaciones con una carga mucho más afectiva, relaciones muchísimo pero mucho más interdependientes.
Las relaciones sexuales son mucho más satisfactorias ya que, al conocer nuestros cuerpos, conocemos mejor el cuerpo de otras mujeres, y porque nos preocupamos por el placer de la otra persona. Seguramente la educación patriarcal influya en esto, ya que son conductas que nos enseñan para las futuras relaciones con los hombres; en cualquier caso, adquirir esas conductas y aplicarlas

luego entre mujeres tiene su lado positivo y placentero. Tendemos a experimentar más en la cama y a intercambiar roles con más facilidad.

El hecho de convivir con una doble discriminación (por mujeres y por lesbianas) y estar atravesadas por esa interseccionalidad, tenemos más conciencia social y más empatía por todo. Solemos sentir atracción por los *-ismos* en general: comunismo, socialismo, feminismo, ecologismo, Somos amantes de los animales, de las mascotas, de la naturaleza, de lo ecológico, de las plantas... Paradójicamente a lo anteriormente dicho sobre el consumo de drogas y alcohol, también nos cuidamos más y nos preocupamos mucho más por llevar una alimentación sana. Debe ser que nos encanta purgarnos y limpiarnos: primero el exceso; luego, la cura y sanación. El punto de inflexión está en que, por un lado, nos encanta la vida social, y, por otro, nos encanta cuidarnos el cuerpo. Las lesbianas somos mucho más espirituales que las hetero: se mueven mucho en la búsqueda espiritual y prueban y curiosean varias filosofías de vida hasta dar con la suya: yoga, reiki, taichi, budismo, constelaciones, chakras, metafísica. Sin embargo, huyen de la religión católica, frente a la que se sienten profundamente decepcionadas.

Consumimos mucha más cultura. Nos encanta la prensa especializada en nosotras. Consumimos más productos hechos por mujeres: cine, teatro, libros, revistas... Si, además, estos productos van dirigidos a lesbianas o tienen como protagonistas o personajes secundarios mujeres lesbianas, el consumo aumenta, porque raro será la lesbiana que falte a la cita. Somos muy fieles (en general, mucho más que los gays, y esto es debido también a la educación sexista), así que los productos dirigidos y pensados exclusivamente para nosotras son consumidos.

Tenemos mucha iniciativa para crear y organizar, tanto en el terreno privado (hogar y familia, trabajo personal, tiempo libre personal, etc.) como en el público (trabajo, amistades, compromisos sociales...). La fotografía es un mundo que suele gustar mucho a las lesbianas, tal vez por nuestra necesidad de crear historias en las que seamos personajes principales, o bien por nuestro espíritu nostálgico y melancólico: nos encanta recordar, evocar, retener... Y la fotografía se presta mucho a ello.

Somos muy gozadoras del *aquí y ahora*, aunque luego nos encante crear álbumes para recordar. Es nuestra vena melancólico-fotográfica.

Una vez terminó de hablar Bella, María Mercedes, le tomó las manos y le dijo, "**quiero conocer a tu pareja**" y la invitó a brindar, era un día para celebrar.

Son solo mis manos las que te acarician donde no alcanzan los deseos confesos y atormentados.

Es solo tu aliento que me extrae los latidos y me parte los cielos.

Quédate y tal vez te pueda contar cuánto he amado en lo que encierran tus párpados.

Angelica Quiñonez.

Ricardo

Como pasa el tiempo recordó Ricardo, desde que dejó de beber y se dedicó a estudiar y trabajar el mundo como que corre más rápido pensó en voz alta.

Hace mucho que tiempo que no habla con ella, quizá ya ni se acuerde de él, qué se va querer acordar después de lo que pasó en su fiesta de grado, nunca mas la volvió a ver por una orden expresa de su tío, él le hizo saber que no permitiría nunca que dañara una amistad de tantos años por su irresponsabilidad, no debía lastimar a la gente porque sí, las personas inocentes no eran responsables de sus orígenes, si aspiraba a mucho debía empezar por superarse y solo en el caso que María Mercedes lo llamara sería que él permitiría que hablaran.

A Ricardo le dolieron mucho las palabras de su tío, pero en el fondo sabía que él tenía razón, hizo de todo, ayudante de cocina, pintor, jardinero pero nunca lograba avanzar, hasta que un día alguien le dijo "**para avanzar, da grandes pasos**" y así lo hizo, se cortó el cabello, cambió su forma de vestirse, asumió otra actitud y así como por cuestión del destino, consiguió trabajo como Bartender, ganaba bien y su trabajo era cómodo. Una vez que consiguió estabilidad laboral decidió que iba a estudiar y se matriculó en la Universidad, comenzó a estudiar Administración y se le hizo fácil eso de los números y aprendió de negocios, eso le permitió vivir un poco mas holgadamente ya que entre lo que ganaba en su trabajo y lo que percibía en los "busines" decía él, iba sumamente cómodo.

Un día vio a María Mercedes a la distancia, él estaba cenando en una pizzería, cuando observó que ella entró, dudo en si saludarla o no, pero cuando se decidió a hacerlo notó que detrás de ella habían llegado Don Horacio y Doña Isabel, inmediatamente buscó la forma de evitarlos para no faltarle a lo acordado con su tío.

Ahí estaba, solo y desanimado, consumiéndose en un mar de desesperanzas que no alcanzaba para ahogar la tristeza que le causaron las malas decisiones en la vida. Desde ese momento, en esta enfermedad de no querer avanzar mas, apenas si le asisten los días del desconsuelo y mira en el paso de cada uno de ellos, las lides de su enfrentamiento por tener la primacía de surgir como sea.

El sabe que María Mercedes, no lo volverá a amar porque puede ser tóxico, dañino, un imposible, solo suplica a la soledad, a la piedad anidada en sus sentimientos que lo perdone, viviendo del recuerdo de aquellos pocos momentos que se quedaron suspendidos y casi hundidos en los errores de un pasado sin presente.

Con la angustia que lo perturba, le ruega a la vida que le permita salir de la mudez de esa soledad. Se siente abandonado, desamparado, sin amores ni amigos, preso, cautivo y vagando su mente entre recuerdos inanimados, solo dedicado a buscar la forma de surgir, sea legal o no pero que sea rápida.

Un día de lluvia, había comenzado a caminar y había terminado en aquel lugar, que no supo identificar, sin duda el ver que no había podido avanzar económicamente a la velocidad que quería la había hecho sentir de esa forma, entre todo lo que le resultaba extraño lo único que en cierta forma la reconfortaba era la luz de la Luna, se sentó en el escalón de una casa y vio la luz a la distancia, dejó que al fin las lágrimas nacieran de sus ojos, quizás no debía ni siquiera verter ninguna, él no era nadie para reclamarle al mundo, él había malgastado todas las oportunidades recibidas, su deseo de surgir no caería en la oscuridad del olvido, sabía que lucharía por eso siempre, se levantó lentamente mirando a la llena luna que parecía saber el dolor que en las entrañas lo destrozaba y limpiándose el resto de las lágrimas vertidas, sonrió pensando que no desaparecería hasta que ella lo hiciera.

Ricardo ha perdido todo oído para los consejos de sabios ajenos a su propia voluntad. Ha perdido las ganas de defender con cuchillo las luchas del pasado, ya no sabe cómo enfrentar las llamas de un volcán a punto de estallar.

Desde hace mucho tiempo se refugió en el sepulcral silencio, en la violencia del no movimiento, en la quietud del miedo. Sin sonidos que poder perturbar, sin lágrimas que laven la culpa, intentando conseguir el equilibrio de la monotonía, con el tiempo, aprendió a disimular, con el tiempo procuró una cuerda que lo atara a tierra, para enfrentar sus orígenes salvajes; al no tener nuevos aires, los labios fingen sonrisas de acero.

La nueva oportunidad que le ha dado la vida, le ha permitido volar nuevamente, con la locura estallando en cada oportunidad, vagando calle abajo, abriendo los brazos libremente, sintiendo la brisa de un tímido viento que roza su cara.

Ya no le duelen las caricias del presente ni la sonrisa desdentada de una esperanza evasiva. Ha aprendido a coger con fuerza la cara del destino y hacerlo girar, sabe que el destino está en sus manos.

> *¡Actúa en vez de suplicar. Sacrifícate sin esperanza de gloria ni recompensa! Si quieres conocer los milagros, hazlos tú antes. Sólo así podrá cumplirse tu peculiar destino.*
>
> *Ludwig van Beethoven*

María Mercedes

Han pasado cinco años al frente de la empresa y todo se ha dado como lo había planificado, han sido cinco años dedicados las 24 horas del día a ella, sus hermanas han sido un apoyo fundamental para ello, Don Horacio ahora solo viaja y negocia las cosechas, el resto, todo lo hace ella, pero al final siempre pasa lo mismo, cuando llega a la casa, cuando está en su cama, se siente sola.

Hace cinco años que no sabe nada de Ricardo, decidió borrarlo de su mente de tal forma que ni vacaciones ha tomado, siempre con la excusa de que alguien debe estar con Don Horacio y Doña Isabel, sus hermanas ya no están y ella es la de la casa.

Hoy es la cena del rencuentro con sus compañeros de carrera, va a asistir un rato, tiene que distraerse y hablar de otra cosa que no sea de café.

Condujo a su casa, no lograba sacarse de la cabeza lo que le había dicho Bella, era verdad, sus hermanas luchaban por ser felices y ella estaba encerrada en su trabajo, algo tenía que hacer ya había pasado mucho tiempo sola se iba a quedar para vestir santos si no se ponía las pilas, le decía su mama, la recordó y se echo a reír.

Cuando llegó a casa, no había nadie, Don Horacio y Doña Isabel, estaban de viaje, se quitó la ropa y se miró al espejo, no había cambiado en nada, seguía estando en forma aunque no veía muy bien, debía ir al Médico, sacaría el tiempo para ello, tomó su toalla y entró a la ducha, comenzó a ducharse y como por arte de magia pensó en Ricardo, recordó ese beso en el bar y como trató de tocarle su ser y la forma como ella lo evitó, de una vez sus respiraciones aumentaron y por instinto agarró el teléfono de la ducha y se lo acercó a su ser mientras las gotas de agua impactaban en todo el clítoris sentía un placer indescriptible. Era único sentir esta estimulación tan húmeda y placentera. Le gustaba jugar y hundirse los dedos mientras pequeñas gotas de agua inundan su entrepierna y consiguen transportarla a lugares nunca antes vistos, cuando el cuarto de baño se empezó a llenar de vapor, el contacto era tan intenso que no pudo evitar gemir y gritar de placer, haciendo del momento algo verdaderamente excitante y especial, mientras con una mano sostenía el teléfono de la ducha y se lo metía entre sus piernas, con la otra mano le gustaba juguetear con sus senos mojados y recorrer con la punta de los dedos sus dos pezones, al final, entre el calor propio que desprende su cuerpo y el del agua, terminó y extasiada se fue a vestir.

Decidió que no quería ir formal, se vistió de forma sencilla pero elegante, acorde a la ocasión, llegó la cena y compartió con todos, logró reírse, recordar buenos tiempos, se tomó dos vinos y conversó con muchas personas que hace tiempo no veía, salvo el punto de que casi todos ya habían formado familia no habían cambiado mucho, recordaron anécdotas y cenaron, luego se despidieron, al otro día había que trabajar y encendió su vehículo y se retiró.

Vía a su casa, otra vez la memoria le hizo una mala jugada, Ricardo volvió a aparecer, no sabía si era por los vinos o por lo conversado con Bella o por culpa de la ducha, pero quería verlo, necesitaba saber de él y hizo lo que no había hecho en cinco años, marcó desde su móvil, quizá ya ni ese era el numero, cuando se lo acercó para escuchar decidió colgar, para que llamarlo si él nunca lo hizo, eran ya las once de la noche, para qué incomodar pensó.

Llegó a su casa, se cambió y se acostó, al otro día María Mercedes tenía una reunión planificada con un nuevo comprador a las Diez de la mañana, ya había informado a Andreina que ese día iba a dormir un poco mas, la semana siguiente tenía que viajar y no lograría descansar mucho, era mejor dosificar las fuerzas, a eso de las cinco de la mañana le repicó el móvil, se despertó exaltada, trató de reconocer el numero pero no lograba verlo bien, cundo logró enfocar bien, no reconoció el número, no repicó mas y volvió a dormir, a la media hora otra vez repicó el móvil, esta vez observó bien el numero, era un numero diferente al de la primera vez, y supo que no lo conocía, no contestó, a los dos minutos llegó un mensaje de texto, que decía "**es Ricardo, contesta por favor**", al minuto repicó otra vez el teléfono, era él y ella solo escucho cuando él le dijo "**hola**" y ella le respondió "**hola**" y así como si estuviera urgido por hablar comenzó a decirle sin darle oportunidad a nada "**cállate, déjame hablar por favor, estoy seguro que tu sonrisa permanece intacta al igual que la mía, se que por tu mente pasan los buenos recuerdos que vivimos: las extrañas canciones con aun mas extrañas** letras, mis mayores errores, la vergüenza que te hice pasar en público. Mientras que en mi alma pasan los hermosos sentimientos, las inigualables sensaciones de libertad cuando dijiste que serias mía, los nervios antes de un gran acontecimiento, la indiferencia por idiota, la diferencia de hacernos notar aun cuando hacíamos una estupidez, el orgullo cuando fuimos conocidos por un mundo, la alegría de bailar a tu lado, la adrenalina del primer beso; incluso amor cuanto hes faltado y siempre lo he extrañado y a veces siento rencor ya que estoy seguro que ambos creemos tener la razón, pero era tan joven y no sabía que eso me importaba realmente.

A veces valiente, a veces cobarde, a veces demasiado yo, viví

contigo innumerables momentos que no terminarán después de esta llamada, ni desaparecerán al salir el sol. Tan solo estarán ahí esperando a crear nuevos recuerdos cuando podamos estar juntos, juntos de verdad, sentir nuestra piel, oler nuestro olor, saborear nuestro ser"

María Mercedes, solo alcanzó a decirle, **"ya es tarde, hoy no quiero reclamos, solo quiero que hablemos",** y así ente memoria y memoria se les pasaron las horas hablando en la opaca madrugada, escuchando sus voces reencontrándose a carcajadas, mirando el techo de la habitación de cada uno, imaginándose en la misma cama aun cuando estaban tan lejos. Seguros estaban de que podían describir las expresiones de su rostro aunque no podían verse. Sabían que giraban de un lado a otro en la estrecha cama que ahora parece inmensa como un espejismo causado por la soledad; su cabello desordenado, sus ojos brillantes en esa oscuridad lúgubre ahora que ya no estaban juntos.

María Mercedes, encendió el televisor, su televisor encendido en el mismo canal que se encuentra el de él como para acrecentar el sueño de estar cerca y tenerse, emite una serie de televisión demasiado vieja para ellos que son tan jóvenes pero que a ambos les trae buenos recuerdos y hablaron largo rato sobre ella; y mencionaron como por casualidad y añoranza lo bueno de los tiempos pasados. A pesar de esto la serie ya no importa porque tienen la certeza de que ambos no le prestan atención, solo se han perdido en el aire fundiéndose con los sonidos de la mañana que comienza: el ladrido de un perro, el ruido de los pocos autos que comienzan a circular, los gallos cantando, el revoloteo de las aves mañaneras, una canción nueva que va un poco más allá en la profundidad de la nada, el sonido del silencio y la soledad pura e impenetrable; se concentran en sus voces que se besan con palabras y se aman con caricias habladas.

Ella le dice, "**se me quitó el sueño**" y antes de que él diga algo le dice "**si te interesa nos vemos las 9 de la mañana en la empresa**", y Ricardo preguntó "**y que dirá tu Padre**" y ella respondió "**9 de la mañana**" y colgó.

Eran las siete de la mañana, María Mercedes se bañó y se arregló, tenía una reunión importante a las diez de la mañana y debía ir impecable, era mentira, ella se arreglaba para Ricardo, ella sabía que él iría, ella hacía un esquema mental de lo que aspiraba decirle y oír, ella solo deseaba verlo.

Llegó a las ocho de la mañana, Andreina se sorprendió, ella había informado que llegaba antes de las diez, María Mercedes saludó cordialmente, ese día venia más linda que nunca, algo la hacía ver diferente, entró a su oficina y al rato Andreina le sirvió el café, María Mercedes le pidió que le buscara un buen oftalmólogo y ella procedió a ello.

A las nueve menos diez, Andreina por el interno le informa que en recepción esta buscándola un caballero de apellido Antunez, ella sabía quién era, era Ricardo, su intuición le decía que él iba a ir, ella le pidió a Andreina que lo dejara pasar y que no estaría disponible para nadie, hasta la hora de la próxima reunión que era a las diez de la mañana, Ricardo tocó la puerta y ella dijo adelante, cuando él entró, ella le dijo coloca el pasador, el hizo caso y se sentó, se saludaron a la distancia, salvo que ahora el cabello lo llevaba corto era poco lo que había cambiado, hablaron de sus hermanas y de su familia, de que había pasado desde hace tanto tiempo, ella le comentó como para tranquilizarlo que ni Don Horacio ni Doña Isabel estaban en la ciudad, en ese instante Ricardo hizo una pausa y respiró, hasta que ella, sin chance a nada le disparó y le preguntó ¿**Por qué te fuiste**? Él ya iba a preparado para eso y solo le respondió "**no te merezco**" y comenzó a darle una larga explicación sobre todo lo sucedido, llorando se disculpó por lo que pasó en la fiesta, le contó que su tío le prohibió que se acercara a ella, que había dejado de beber, que estaba estudiando administración y que ahora laboraba como bartender, ella en silencio solo le escuchaba y le dijo "**Ricardo no sabes cuánto he eextrañado verte, me ilusioné contigo, me hiciste daño**" él trato de interrumpirla y ella le dijo, "**ahora te callas hoy hablo yo**" y siguió diciendo "**nunca te he guardado rencor, porque yo si me enamoré de ti, no sé si lo mejor es o no lo que pasó, pero si sé que cada día que he pasado sin ti no ha sido fácil, me ilusioné y ahora soy lo que soy porque me propuse demostrarle al mundo y en especial a ti lo que soy capaz de hacer**", él le dijo, "**me retiro, no vine a escuchar reclamos**" ella le dijo "**no es reclamo es solo mi verdad**" él se puso de píe para retirarse y antes de que se fuera ella se acercó, lo abrazó y le dijo " **Abrázame es tu decisión de que esta sea la última vez. Quiero que sepas que hoy elijo**

esconder mi dolor en el fondo de mi alma, hoy elijo ver tu rostro con todos tus matices; hoy elijo barrer la ruina debajo de la alfombra de mi dolor. Mírame bien sonrío por si tus sospechas surgen en forma de ideas. Decido sentirte y destruirme. Elijo permanecer quieta, quiero cuidar tu alma con mis deseos intactos"

En ese momento el silencio se convirtió en lágrimas. Por la ranura del dolor, revivieron sentimientos. Ambos sin decirlo abrazaron sus carencias, decidieron bailar con el recuerdo, mientras el olvido a ella le acuchillaría la espalda mas adelante.

Ella decidió olvidar las excusas, las promesas, con la raíz a prueba de vientos, con las ramas de sus sueños intactas. Le dijo a Ricardo "**si lo quieres**

me abrazo a tu espalda por el vacío; con el miedo de una vida estrellada de ausencias. Me aferro a los errores del ayer para coger impulso, solo en este instante soy valiente, anoche con tu llamada, me dejé besar por los picos de la impaciencia, el realizar mis sueños queda en tus manos", Ricardo la besó en la frente y se retiró, hay miradas que dicen todo y dicen nada pero la de Ricardo ese día dijo todo.

Después de un día de trabajo productivo, María Mercedes conduce hacia casa, en su soledad, con el silencio de la noche regresan los miedos, los viejos fantasmas acerca de que si se había equivocado o no, se pasean por su mente y la vieja fuerza de sus inseguridades vuelve a tomar posición.

El reflejo de la luna llena en las concurridas avenidas, donde cada quien lucha por sobrevivir en esa jungla de concreto, los sonidos de los habitantes de la noche, y ella, es su acompañante. Ella intentando escapar, pero su iluso anhelo de felicidad la detiene, éste es su sitio, se susurra a sí misma, éste es su sitio.

Llegó a su casa, la luz de la luna la iluminaba en su soledad. Aquella noche no había estrellas acompañándola; como siempre que estaba llena necesitó verla, vio que la luz que nacía de ella caía mitigando cada sombra que hallaba en su camino, no pudo quedarse escondida tras la ventana pese a que ya comenzaba a sonar el viento que había arrancado las nubes que amenazaban con taparla. Ella salió, descalza. Le encantaba sentir la frialdad de la hierba en las plantas de sus pies, mirando cual amante hipnotizada a la luna. Siempre se había sentido atraída por ella cuando en las noches la soledad y las dudas la atacaban. En la terraza, en soledad, llena de muchos temores y miedos idealizó un futuro, un futuro sola o acompañada pero tenía que luchar por un futuro donde fuera feliz.

"La soledad más triste es la que se siente cuando uno está acompañada por personas equivocadas".

Anónimo.

Vuelve y juega...

Ese día María Mercedes se despertó feliz, por fin su alma podría descansar libremente, lo había vuelto a ver, lo había vuelto a abrazar.

Ese día se vistió con una blusa negra, falda blanca y zapatos bajitos beige, ese día iría por fin a hacerse un examen médico, quería verificar los valores.

Eran las 7:30 y como debía ir en ayunas solo tomó agua, en ese momento tocaron el timbre y ella fue hacia la puerta, cuando observó que era un mensajero con un paquete forrado en papel regalo, ella abrió la reja y el mensajero le entregó el paquete, emocionada entró a la casa y lo abrió con la emoción de una niña de seis años, era un oso de peluche inmenso, color blanco y negro, traía un sobre que contenía una tarjeta y ella la abrió, la tarjeta decía "**estoy afuera me abres la puerta. R.A**", se sonrojó e inmediatamente miró por la ventana, él estaba ahí y sin pensar en nada salió corriendo y abrió la puerta, lo tomó de la mano y lo llevo adentro.

Cuando entraron, no sabe cómo, cerraron la puerta y Ricardo la empujó contra la pared y empezó a besarla con una pasión casi animal, ella correspondía a cada beso, él la tenia fuera de sí misma, ella abrió sus piernas y él le tocó con su miembro su ser, ella se humedeció de una vez y exclamo algo sin sentido, él seguía ahí, ella estaba fuera de su mundo, él con su mano derecha la tocó debajo de la falda su blúmer era un océano, ella trató de resistirse pero al final se entregó, no sabe cuándo pero le soltó el cinturón a Ricardo y con una maestría única también le sacó el botón del pantalón. El pantalón cayó al suelo y ella se agachó y con sus dientes le bajó la ropa interior y empezó a colocárselo en la boca, Ricardo trato de levantarla pero ella no quería, ella quería estar ahí, ella quería disfrutar ese momento, cuando María

Mercedes vio que Ricardo no estaba en el planeta tierra, se puso de pie y lo agarró de la mano, cerró con llaves la puerta de la casa, tomó su móvil y lo llevó a su habitación en el segundo piso.

Al subir al segundo piso, ella terminó de desnudar a Ricardo y lo acostó en su cama y le dijo voy al baño a prepararme.

En el baño, María Mercedes envió un mensaje a su oficina, no iría en todo el día y que por favor no la molestaran y apagó su móvil, se comenzó a arreglar, ya estaba depilada y aseada, se colocó su bata de seda negra, sin nada debajo y salió al encuentro de su amante, al Ricardo observarla le dijo te tengo un regalo y esto lo he guardado para ti y dejó caer la bata, era la primera vez que estaba a solas con un hombre, se sentía tímida pero segura, con él se hallaba muy a gusto. Ricardo sabía que esa vez era diferente. María Mercedes siempre lo miró de una manera especial, aceptaba sus sonrisas y sus contoneos, participando con pícaras sonrisas y con miradas furtivas mientras fueron vecinos.

Sentándose en la cama, Ricardo acercó uno de sus dedos al brazo desnudo y lo acarició lentamente. Ella se estremeció, pero no se inmutó, y su dedo siguió jugando con su cuerpo, paseando por sus hombros, después por la redondez de sus pechos, llegando hasta su cara y posándolo en sus labios.

Entonces el deseo se hizo poseedor de toda su esencia y no pudo seguir luchando. Fue entonces cuando ella abrió los ojos, asustada.

Él, como un acto reflejo, tapó su boca con sus dedos mientras le imploraba para que no parara. Ella no gritó.

- No quiero hacerte ningún daño – le susurró al oído, mientras ella le miraba asustada pero sin oponer resistencia – **no podría dañar a quien amo**.

Ella no supo reaccionar, y el miedo primario se alejó de su cuerpo al descubrir que era precisamente el protagonista de su sueño el que allí estaba junto a ella. Por un momento pensó que seguía inmersa en el sueño.

"Y**o también te amo** " quiso decirle ella, pero no se atrevió, y esperó ese beso que le revolviera el alma y la hiciera sentir inmortal.

Y ese beso llegó disfrazado de oscuridad y misterio. Los labios del deseado amante se posaron sobre los suyos con paciencia, sin miedos, sin prisas... sin aspavientos innecesarios.

El beso fue haciéndose más pasional y carnal, y finalmente genuino.

Era la primera vez que estaba con un hombre en una cama, y se dejó llevar disfrutando de esa alcalina saliva y de ese cuerpo que era suyo para que pudiera disfrutarlo.

En medio del momento él se colocó de pie y la besó. Entonces él volvió a sentarse en la cama, mientras ella acariciaba su vientre plano y sentía un extraño cosquilleo que la desarmó completamente.

Tocar el cuerpo de ese cuerpo fue como esculpirlo, y se sintió artista.

Entonces él, en silencio siempre, la contempló y le dijo **"te quiero para mi"**

Ella quiso decir algo pero él se lo impidió.

Al fin estaba desnuda junto a un hombre, y, además, junto a ese que ella misma había elegido. ¿Qué más podía pedir?

Mirándose en todo momento, como si quisiera grabar cada segundo pasado en esa cama, frotaron sus cuerpos delicadamente, y ella pudo al fin saber a qué sabía la piel de la excitación.

Los fornidos brazos de ese hombre la apretaron contra su cuerpo, y pudo notar sobre ella partes de una anatomía con las que siempre había soñado y que, por fin, haría suyas.

Se besaron apasionadamente, se tocaron mil y una vez, y finalmente se adentró en ella haciendo que la dulce mañana se convirtiera en un momento inolvidable.

Tumbados en esa pequeña cama, bebiendo el agua que escapaba de los labios de Ricardo, su amor eterno, y aún jadeante, dejó que sus labios fueran más allá de la humedad para encontrar la piel de aquel mágico hombre.

Como si no se diera cuenta de ello le entregó sus besos de mujer adulta, alejando esos de niña eterna, y él le correspondió, besando su cuello, después sus pechos dormidos, y posando los límites de sus labios allí donde ella sentía todo su fuego.

Después, ajenos a la oscuridad que les envolvía, se miraron e hicieron que su universo fuera solo de ellos... de nadie más.

Colérica y dichosa dejó atrás su eterna ingenuidad, esa que creía que siempre le acompañaría, y comprendió que ser mujer era algo más que un cuerpo o que un estado de ánimo. En realidad ser mujer lo era... ¡todo!

Dejó sus huellas en el cuerpo de su amante, hablándole entre susurros, oyendo cada roce de sus cuerpos, y sintiendo la necesidad de gritar a cada enviste de su eterno amor

Y dentro de él – porque era ella quien se sentía más poderosa – deseó morir allí mismo, sabedora de que nunca ya podría amar a nadie como estaba amando en ese momento.

Él era su primer hombre, pero también sería el último. Ella lo supo antes de empezar, y por eso lo disfrutaba tanto.

El cielo se iluminaba, el silencio se aturdía, y ella gozaba de la magia del amor, alejándose de todas esas palabras leídas en esas novelas que antes la llevaron hasta un éxtasis ficticio. Ese día María Mercedes sintió que el calor acallaba todos los ardores de su duelo y se sintió mujer al fin.

Lograron dormir juntos y abrazados un largo rato, él le dijo, "**te dije que serías mía**" y ella le respondió con una sonrisa.

Al rato, él se despertó, antes de que ella despertara. Hizo café, y le subió a ella una taza. Pero estaba dormidita, y entonces se acercó a ella, y empezó a acariciar su espalda con un masaje más o menos firme para que despertara poco a poco. Nada más se desperezó un poco, y se estiró, así como estaba, boca abajo, y se quedó quieta, esperando que él siguiera. Y lo hizo.

Ella le dijo **"es tarde"** y Ricardo le respondió "**no, ahora es nuestro momento**" estuvieron un rato mas en la cama y él la invitó a almorzar, decidieron ir por comida mediterránea, se vistieron y al subir al coche, ella le dijo "**Ricardo maneja tú**" él sabía lo que eso significaba, ese era el grito de guerra de María Mercedes contra el mundo, mientras iban hablando de cualquier cosa María Mercedes realizó algunas llamadas informando a su equipo que se tomaría el resto del día y cancelando varios compromisos pendientes, al llegar al Restaurant Ricardo caballerosamente le abrió la puerta y de la mano entraron al negocio, de una vez fueron atendidos y se les ubicó en una excelente mesa, ahí ella conocedora de los artes de las relaciones publicas, pidió un vino **PEIQUE GODELLO 2015,** ella le dijo "**si lo que vamos a comer es una paella a la marinera, vamos a tomarnos un vino suave, cuyo sabor no sobresalga sobre el del marisco o el pescado, que debe ser de las variedades albariño, treixadura, verdejo o sauvignon blanc que tienen muy buena acidez**", ella prosiguió diciendo " **Leí que Jorge Peique cuando presentó en sociedad este vino decía " Un vino que lleva tu apellido tienes que cuidarlo mucho, del que más orgulloso tienes que sentirte",** eso es lo que le apasionaba de su trabajo que era cuidar el legado de Don Horacio, Ricardo la observaba siempre le gustó la buena vida y las cosas buenas que tuvieran historia, categoría y clase, ella siguió hablando y él le pregunto "**Que**

vamos a comer?", ella le respondió "**por la ocasión y visto que yo no tengo que ir a trabajar y creo que tú tampoco, algo romántico**" para él romántico era sinónimo de sexo para ella romántico era se instante con él, era tomarse de las manos, comerse un helado, dormir juntos era otra cosa, ella pidió una paella marinera y él asintió, ella le preguntó "**Sabes por qué se le llama paella?**" y él respondió "**si por el sartén donde lo hacen**" y ella le dijo puede ser pero también "**Dicen que hay un cuento en el que un hombre preparó paella para su novia para ganar su cariño. En español, 'paella' puede ser una derivación de la frase "por ella" o "para ella". Aunque esto pueda ser sólo una bonita historia, hay alguna verdad en esta teoría. En España, cocinar es generalmente un trabajo de mujer. Sin embargo,**

la paella es tradicionalmente cosa de los hombres" tú y yo vamos a cocinar juntos.

Siguieron riéndose, bebieron vino, comieron paella, todo bien, pidieron de postre una crema catalana y ella le explicó "**En el siglo XVIII un obispo hacía una visita a un convento catalán y las monjas quisieron obsequiarle con un flan como postre pero les quedó muy líquido. Ante esta situación, comenzaron a darle al flan algunos toques distintos y el punto final fue añadir azúcar quemado.**

Cuando le ofrecieron al obispo el postre, el azúcar aún estaba caliente con lo que este al tomarlo exclamo 'ícrema!', que en catalán significa '¡Quema!' y este es el

origen de su nombre" ambos se rieron imaginándose al obispo.

Al terminar él fue a pagar la cuenta, ella no lo dejó, ella invitaba y pagó. Se retiraron y como dos colegiales enamorados se fueron a comer helados, al rato ella le dice que estaba cansada y que debía volver a casa, fueron a buscar el coche y agarrados de la mano ella le dijo "**Ricardo que sea para toda la vida**" y él le respondió "**así será**", luego de transitar por la ciudad, estacionaron el vehículo y él nuevamente le abre la puerta, ella baja y lo invita a la casa, él duda y le pregunta por sus padres, ella le dice que no se preocupe que ellos no vuelven por el fin de semana.

Esa noche tomaron vinos, hablaron del pasado, comieron queso, Ricardo fumo puros y le habló de sus proyectos con café y tabaco, esa noche ellos planificaron un futuro lleno de sueños, metas e ilusiones, ese día decidieron que era todo o nada, cuando ya era media noche subieron a la habitación y a la luz de la luna se hicieron el amor, se abrazaron y así amanecieron. Al amanecer Ricardo le dijo debo ir a trabajar y ella le dijo "**ve, renuncia y vienes, hagamos que tus sueños sean mis sueños y tus metas sean mis metas y juntos hagámoslos realidad**", él la beso en la frente se duchó y se fue a cambiar a su casa.

Ese día Ricardo estaba claro que la vida le estaba dando una segunda oportunidad, tanto en el amor como en sus aspiraciones de crecer, María Mercedes era bella, inteligente, con prestigio y siempre había tenido un potencial económico envidiable, que mas podía pedir, si ella reunía todo lo que él necesitaba, solo sería necesario dejar claros algunos puntos y empezar a hacerlo.

Antes de volver donde María Mercedes fue donde Alejandro y le dijo "**véndeme algo para esta noche**", Alejandro el duro de la cuadra le entregó un sobre y él lo guardó en su bolsillo, cuando llegó a la casa, María Mercedes lo esperaba, ese día preparó una pasta Carbonara exquisita y después de arreglar la cocina se acostaron a ver televisión, se quedaron dormidos y al despertar, él le dijo tenemos que hablar y ella se sentó a escuchar, Ricardo le dijo "**Sabes que tus padres no van a permitir esto, sabes que yo no tengo como darte la calidad de vida a la que estas acostumbrada y sabes más que nadie que dependes del trabajo en la empresa familiar**", ella lo observó y le dijo " **yo te he amado desde siempre, por eso**

necesito que sepas y estés seguro que cuando tomé esta decisión lo hice desde el fondo del alma, lo hice convencida en que es lo mejor, lo hice consciente de nuestra situación y limitaciones, sabes que a tu lado mi felicidad esta completa y que al estar juntos nada nunca nos faltará, por dinero no te preocupes he ahorrado lo suficiente, con eso podremos vivir mientras nuestro negocio propio arranque, yo con lo ahorros compré un apartamento que he ido remodelando poco a poco, solo te pido que no me falles" él se quedó callado, todo salía como lo había planificado, ella siguió hablando y le dijo **"buscaremos el momento preciso para hablar con mis padres, quiero que cuando se lo digamos ya todo esté lo mas avanzado posible"** ante eso, Ricardo solo le dijo " **va a ser como tú quieras, si me vas a amar debes hacerlo con todo y mis demonios, con lo bueno y con lo malo, con mi verdad**" ella le dijo "**soy tuya y sé que como tú esposa deberé proveerte un amor especial, que esté a prueba de todo, que vaya más allá del bien y del mal, te voy a honrar y a obedecer, te voy a respetar, a ti me voy a entregar voy a confiar** "él solo le dijo "**confía en mi**" y ella lo beso.

En ese momento ya estando oscuro, María Mercedes le dijo, "**acompáñame**" y junto a una botella de vino y dos copas, se sentaron en la grama a ver la luna, ella le hablo de la luna y su fascinación por ella, le contó que "**la Luna siempre ha estado llena de misterio y ha inspirado la veneración religiosa, los mitos y** supersticiones, En la antigua Grecia la Luna era una trinidad sagrada formada por Selene (Luna llena), Artemisa (creciente) y Hécate (menguante); su mensajero era el búho. Con los romanos esta triada se simplificó en una única diosa: Diana la cazadora, la hermana gemela de Apolo, dios del Sol. Auxiliaba a las parturientas, y disparaba flechas para inspirar la locura o lunatismo. Para los aztecas Coyolxauhqui es una diosa lunar, representada como una mujer desmembrada, ya que su hermano Huitzilopochtli la descuartizó y arrojó su cabeza al cielo cuando la diosa planeó matar a su propia madre junto a sus 400 hermanos; éstos se convirtieron en las estrellas. Hay culturas en las que la Luna no es femenina, sino masculina. Para los antiguos egipcios era Toth el dios de la Luna, en contraposición a Ra, dios del Sol. En la India era Soma o Chandra, el dios de la inmortalidad, que va montado en un carro (que simboliza a la Luna), con el que recorre el cielo cada noche. En octubre se celebra en China el Festival de la Luna, donde se cuenta la leyenda de Chang O, que tomó por error el elixir de la inmortalidad y desde entonces se encuentra desterrada en su Palacio de Cristal en la Luna. La tradición oral conservó hasta nuestros días los mitos de las brujas que se reunían bajo la luz de la Luna a lanzar sus conjuros, o el mito del hombre lobo, que sufre su transformación en noches de luna llena. En las cartas del tarot se asocia la carta de la Luna a las visiones, la locura y el genio. En algunas culturas primitivas se cree aún hoy en día que la Luna puede embarazar a las mujeres, por lo que evitan mirarla. La lunacepción es una teoría anticonceptiva de 1971 de Louis Lacey que relaciona la luz lunar con los ciclos menstruales. Además, el plenilunio nos pone neuróticos y violentos, y acelera la fase final de los embarazos. Y la mala suerte perseguía a quien dormía con la luz de la Luna bañando su rostro, porque provocaba pesadillas y podía conducir a la locura. En la antigüedad, fueron los Teutones quienes comenzaron con la práctica de la luna de miel: sus bodas se celebraban bajo la luna llena y después los novios bebían licor de miel durante 30 días. Entre las supersticiones que han llegado hasta nuestros días las más extendidas son la de cortar el pelo en luna llena para que crezca fuerte, y las uñas en menguante, para que tarden más en crecer" él fascinado por el relato le dijo "**me encantas tanto como me encanta la luna**".

Ricardo le contó que en su época de músico, había hecho muchas cosas, que de unas se arrepentía y de otras no, que la luna siempre había tenido un lugar muy importante en la música que **"Dos de las piezas más hermosas y célebres de la historia de la música son los Claro de Luna de Ludwig van Beethoven) y de Claude Debussy, dos piezas que comparten un mismo nombre, pero un espíritu muy diferente. Luna en Blue Moon, de Elvis Presley; Moon River,** interpretada por Audrey Hepburn en Desayuno con Diamantes; Fly me to the moon, de Frank Sinatra; Child of de Moon, de Rolling Stones; Moondance, de Van Morrison; The Dark side of the moon, de Pink Floyd; Walking on the Moon, de Police; Howling at the Moon, de Ramones; The whole of the Moon, de The Waterboys, o Man on the Moon, de R.E.M. " ella se sorprendió, nunca lo había visto tan inspirado hablando sobre un tema, los vinos comenzaron a hacer efecto y el sacó un cigarro de su bolsillo, ella no fumaba pero no le molestaba que él lo hiciera, él no lo prendió y le dijo " **quiero que montemos un negocio de café, tabaco y vida, quiero que nos casemos, quiero que viajemos, quiero que seamos felices**" ella le dijo "**hagámoslo**", Ricardo le dijo "

– "**María Mercedes, ¿te puedo preguntar algo**?"

– "**Si, Ricardo. ¿Qué pasó?**" – respondió distraída mientras contemplaba la luna con la copa de vino en la mano.

"**Mi amor, quiero drogarme contigo.**" – exclamó tímidamente.

"**¿Por qué me preguntas eso? sabes que yo no me drogo. La única vez que fumé terminé con dolor de garganta y no sentí absolutamente nada. Además, ¿para qué quieres drogarte conmigo?**" –contestó sorprendida mientras apoyaba la copa en la grama.

"**Bueno, tampoco es para que respondas así. Ya sé que tú no lo haces, pero los grandes ejecutivos del mundo si, además tengo**

curiosidad por fumar y acostarme contigo. Además, esa vez que fumaste seguro lo hiciste mal y por eso no te pegó"

"No sé, me da miedo. Yo también he escuchado que es una sensación especial. Pero me da miedo" expresó María Mercedes, en ese instante ella agarró ambas copas, las llenó a la mitad le dio una a él y le dijo **"fondo blanco"** y él le dijo **"fondo blanco"** y así sucedió, cuando de la garganta estaba recién saliendo del sabor del vino, María Mercedes le dijo a Ricardo, **"vamos a hacerlo"**.

Ricardo encendió el cigarro y le mostró cómo había que hacer. Le dio un par de aspiradas antes de pasárselo a ella. Pudo ver que lo hizo correctamente, tal como le había dicho. Fumaron un par de veces cada uno y se fueron a la habitación.

Ya en la cama comenzaron a besarse. El tomó la iniciativa y empezó por besarla por el cuello, deteniéndose en su oreja, en su hombro... Con una mano acariciaba una de sus mejillas mientras que con la otra desprendía lentamente los botones de su camisa blanca. Le gustaba el sostén que llevaba puesto. Era uno blanco con detallitos de encaje que lo volvía loco.

Aún no sentía ningún efecto raro pero yo estaba muy concentrado en disfrutar del hermoso cuerpo de su mujer. Sentía como su respiración se aceleraba mientras enterraba sus uñas en su espalda. De pronto ella tomó el control y después de sacarse el pantalón, se sentó encima de él. Le quitó rápidamente la camisa y se ensañó con su cuello. Lo recorría con su lengua, de arriba a abajo. Mientras le suspiraba al oído, aprovechó para destrabarle el sosten y pudo ver sus senos librarse de tal aprisionamiento. Ante tal panorama, no pudo evitar volverse loco. Rápidamente se puso sobre ella y mientras lamía su areola derecha, comenzaba a jugar con los bordes de su tanga. Apenas pasaron unos segundos hasta que comenzó a posar sus dedos sobre su vagina, por encima de la ropa interior. Los movimientos que generaba eran tan lentos como placenteros, evidentemente ya podía comenzar a sentir algún que otro efecto por la droga. Se mantuvo de esa forma un par de minutos hasta que le rogó que le sacara la tanga.

El jugaba con los ritmos de sus movimientos, buscando desorientarla y sorprenderla. En sus expresiones podía ver que lo estaba disfrutando mucho. Mientras tanto, por su cabeza pasaban mil y un pensamientos fugaces. De hecho le costaba concentrarse en lo que estaba haciendo, su cabeza volaba. De repente imaginó que María Mercedes era Afrodita y era todo parte de un ritual digno de de la divinidad. ¡Una locura!. Decidió acelerar el ritmo mientras veía como su mujer se retorcía de placer. No pasó mucho tiempo más hasta llegar al orgasmo, el cual le generó una sensación impresionante. Evidentemente sus sentidos estaban a flor de piel, era una sensación que nunca antes había tenido. Cuando la miró, pudo confirmar lo que sospechaba: habían acabado al mismo tiempo. Ella apenas podía hablar y mantenía sus ojos cerrados mientras le acariciaba la espalda.

Luego de algunos minutos de descanso, le pidió agua. Ella no solo volvió con el agua, sino que se había puesto unas medias de red rojas y una tanga negra. Además de eso, tan solo su camisa blanca y en sus pies unos tacones de aguja negros. Nunca antes la había visto así. No recordaba otro momento en el que se sintiera tan atraído hacia ella. ¡Era un mujeron de punta a punta! Y estaba pasando la noche con él y para el resto de su vida.

A Ricardo había algo que le gustaba cuando fumaba, era escuchar música. Como podía darse cuenta que aún seguían con el efecto, quería que ella experimentara lo mismo que el disfrutaba tanto experimentar. Ya tenía elegido el primer tema que le iba a hacer escuchar mientras estaba bajo el efecto **"The Dark Side Of The Moon" de Pink Floyd**. De por sí, el tema le hacía volar, pero cuando lo escuchó estando drogado, le abrió la cabeza.

Distinguía cada sonido, podía separarlos en partes y darle colores a cada uno. ¡Quería que ella viviera eso!

La verdad es que no tenían noción del tiempo. No sabe en qué momento se hicieron las 2:25 de la madrugada. El disfrutaba verla gozar con la música. Cantaba, se movía, bailaba con cada canción. ¡Hasta le regaló un baile erótico! Ella sí que sabía moverse... No sabe si se hubiese animado a hacerlo sin haber fumado. De repente, le dijo que quería volver a fumar. Él ya sabía a que estaba jugando, así que dejó que lo hiciera sola. Cuando María Mercedes se volvió a acostar, le quitó la ropa interior y dejándole las medias de red puestas, y comenzó a lamer lentamente su clítoris. Tuvo que haber pasado diez, quince minutos practicándole sexo oral. Lamía sus labios, se ayudaba con sus dedos para ser más preciso y mordía suavemente su clítoris cada tanto. Cuando se acostumbraba a un ritmo, lo cambiaba bruscamente. ¡Eso le encantaba! Después de un tiempo así, pudo apreciar como alcanzaba un orgasmo intenso y largo. Más tarde le diría que ese fue el mejor orgasmo que había tenido hasta el momento.

Una vez que decidió que ya era suficiente, María Mercedes lo invitó a acostarse a su lado. Comenzó a besarlo apasionadamente, mientras que con sus manos jugaba con su sexo. No tardó mucho en bajar progresivamente hasta que sus labios se encontraron con su glande. Ricardo nunca olvidará la increíble sensación que experimentó al verla recorrer su miembro con sus labios. Le gustaba detenerse en la punta, recorrerla con sus labios y cubrirla de saliva. Cuando ambos estaban listos, la temperatura subió, los movimientos que hacía eran excitantes y desesperantes al mismo tiempo. Ricardo estaba entregado, estaba a su voluntad. El instinto animal de María Mercedes sabía manejar distintos ritmos e intensidades a la hora de hacer el amor.

Después de haberse quedado dormidos por una hora más o menos, despertaron llenos de risa y con muchísima hambre. Un sándwich de queso hecho sin ropa en esa cocina fue como comida de dioses. Una vez que terminaron de comer, se taparon bien y se fueron quedando dormidos de a poco. Realmente esa había sido una experiencia de tipo religioso.

"Respira, inspira el aire,

no tengas miedo de preocuparte.

Vete, pero no me dejes,

busca a tu alrededor y elige tu propia base.

Porque larga es tu vida y alto es tu vuelo,

y dedicarás sonrisas y llorarás lágrimas,

y todo lo que tocas y todo lo que ves

es todo o que tu vida será..."

The Dark Side Of The Moon

Pink Floyd

Mis Sueños...

Para Don Horacio y su familia, los domingos eran días especiales, eran días de descanso, almuerzo familiar y sobretodo de mucha planificación.

Para María Mercedes, ese domingo fue raro y especial, raro porque estaba sin sus padres y sus hermanas estaban haciendo cada una su vida por separado pero era especial porque ese día estaba junto a su amor.

Ese domingo, desayunaron a mitad de mañana unos Waffles con miel y café negro, se vistieron y ella le pidió que la acompañara a un sitio, él accedió sin preguntar nada.

Abordaron el vehículo, Ricardo manejaba y ella le comentó "**Ricardo la vida me ha dado todo, tengo una familia, tengo salud, tengo dinero y tengo éxito, tenía una asignatura pendiente que era ser feliz y hoy gracias a ti lo soy**" él solo sonrió y alcanzó a preguntarle "**hacia donde nos dirigimos**" ella le contestó "**vamos hacia la Avenida Kennedy frente a la plaza Libertad**", él sabía donde era y puso marcha hacia allá, al llegar al sitió ella le pidió que se estacionaran y se bajaron del vehículo, iban tomados de la mano cuando ella le dijo "**crucemos la calle**", cruzaron y se vieron frente a un Edificio llamado Mis Sueños, ella sacó unas llaves de su bolsillo y entraron al lobby, allí un caballero, los saludó y les preguntó que hacia donde se dirigían, ella le contesto "**piso 2, apartamento 2-A**", subieron al ascensor, ella se sintió mareada pero no comentó nada, al rato llegaron y ella abrió la puerta, entraron y se consiguieron con un departamento de tres habitaciones con closet, dos baños, sala comedor, cocina integral, piso en cerámica, zona de lavado, todo completamente amoblado con cosas nuevas solo para estrenar, estaba ubicado en un condominio con vigilancia de 24 horas, con piscina, con gimnasio, con canchas, con parque y ascensor, en ese instante María Mercedes, expresó **"esto es parte de lo que he ganado todo este tiempo que he trabajado, nunca quise venir a vivir sola, ahora todo lo material se va a ver mejor porque sentirá calor de hogar"**

Ricardo se volteó y le preguntó "**Vamos a vivir acá?**" y ella le respondió "**si**" él le dijo pero yo no tengo vehículo para trasladarme y ella le dijo "**el carro en el que andamos es de los dos, no te preocupes**" y Ricardo le contesto "**yo no quiero ser tu mantenido**" ella le contestó "**así no es, es solo mientras nos estabilizamos**".

Al salir María Mercedes le entregó un juego de llaves a Ricardo y le dijo "**este es tu hogar y puedes mudarte cuando quieras, mas no yo resuelva con mis padres me mudaré contigo**" él tomo las llaves la beso y le dijo "**que no sea muy tarde, por favor**".

Al salir del edificio fueron a almorzar y en la tarde Ricardo le dijo que debía irse a su casa tenía días sin ir, ella le dijo que no se preocupara.

Ricardo se fue caminando y solo sonreía al saberse lo afortunado que era, en cómo le había cambiado el mundo en solo un fin de semana y que lo mejor de todo era todo lo que faltaba por conseguir.

María Mercedes, se recostó en su cama y comenzó a llorar, pero lloraba de felicidad, lloraba de alegría, sabía que lo que venía no era nada fácil pero sabía que valía la pena, por fin lo conseguía, por fin era feliz.

Esa noche preparó la ropa del día siguiente y una maleta ya que debía viajar por cuestiones de trabajo.

Antes dormir, la llamo Ricardo por teléfono y le habló de forma muy dulce, le habló de vida, futuro, amor, felicidad le habló de sueños y de verdades, de claros y de oscuros, pero de lo que mas le habló fue de su amor, en ese instante las lagrimas bajaban suavemente porque eran de felicidad, al final el cansancio le ganó y le dijo "**esposo mío hablamos mañana**" y él le respondió "**esposa mía hablamos mañana**".

Tengo ganas de no tener ganas

De comprarme un boleto

De regreso al ayer

Y entre tanto que tengo

No encuentro razón

Suficiente pa' olvidarme de ti.

Asignatura Pendiente

Ricardo Arjona

CAPITULO III
LOS SECRETOS

Las hijas de Don Horacio

Cada una de las hijas de don Horacio había conseguido el éxito basadas en el apoyo familiar y las ganas propias de surgir, a ninguna le habían regalado nada y eran bellas, fuertes y trabajadoras.

María Mercedes manejaba todo como un director de orquesta, Caridad se había desenvuelto como nadie en el ejercicio de sus funciones, Bella brillaba sola, era la mejor para resolver conflictos y una estrella para solucionar eventualidades.

Don Horacio estaba feliz, todos sus anhelos se habían hecho realidad, una empresa prospera, un crecimiento de gran magnitud, unas hijas exitosas y un matrimonio estable al lado del amor de su vida Doña Isabel.

Bella era diferente, era analítica era especial, su vena humanística la hacía ms propensa a la búsqueda de la paz, sus ideales giraban en el bien común como principio de vida, enemiga de los conflictos y dueña de una envidiable capacidad conciliatoria que le permitía ser dueña de una paz única.

Paz que siempre supo manejar al punto que el día que por casualidad tuvo en sus manos el sobre contentivo del testamento de sus padres no lo abrió sino que lo dejó encima del escritorio de María Mercedes, quien al verlo, llena de curiosidad, le dijo **"vamos a destaparlo"** y ambas con mucha delicadeza lo hicieron, gran sorpresa cuando leyéndolo conocieron que los bienes de sus padres quedarían para su administración en manos de María Mercedes hasta por cinco años después de la muerte de sus padres momento en el cual podrían repartir la herencia, María Mercedes miró a Bella y le dijo "**yo no quiero esto así, a mí nadie me consultó, hablare con nuestros padres**" y Bella le dijo "**no te preocupes todos confiamos en ti**" ambas decidieron guardar el secreto como habían guardado otros tantos, cerraron el sobre, lo guardaron en la caja fuerte y cada una se fue a sus actividades.

Hoy María Mercedes está feliz, no cree en nadie, todo se le ha ido dando conforme a sus pretensiones sin querer que eso pasara.

El destino suele estar a la vuelta de la esquina. Como si fuese un chorizo, una furcia o un vendedor de lotería: sus tres encarnaciones más socorridas. Pero lo que no hace es visitas a domicilio. Hay que ir a por él.

Carlos Ruiz Zafón.

La Bodeguita de Ricardo

Nada como cumplir un sueño, María Mercedes y Ricardo han seguido viéndose a escondidas, ella insiste que hasta que no logre su estabilidad económica y el momento perfecto para hablar con sus padres, no permitirá que bajo ninguna circunstancia le opinen de su decisión personal, se ven a escondidas, huyen como ladronzuelos, se ríen, juegan, bailan como si el mundo fuera de ellos sin que nada importe y eso que ya ha pasado seis meses.

El negocio comenzó a andar "**La Bodeguita de Ricardo**", así la bautizaron, es un sitio especial diseñado con las ideas de Ricardo y el conocimiento de María Mercedes, allí se puede disfrutar de su decoración con antigüedades como cajones de madera que otrora servían para trasladar refrescos, artículos de peltre, un filtro de agua de cerámica y piedra, viejos utensilios de cocina o de las ollas de cobre que cuelgan de las paredes, confiriéndole al lugar un gratísimo ambiente lleno de evocaciones y marcado acento en la nostalgia. Cada semana, de miércoles a sábado, a partir de las tres de la tarde y hasta cerca de la medianoche, entre olores a madera, tabaco, chocolate, café y ron, cobra vida la historia de María Mercedes y Ricardo, En este espacio habitan y conviven las principales casas roneras del mundo. En su decoración se impone el techo alto y dos grandes andamiajes de madera sobre los que, además de botellas, se exhiben artilugios decorativos que como sortilegio actúan envolviendo en sus ficciones, narrando por separado y en conjunto fabulosas historias del pasado.

En **La Bodeguita de Ricardo,** el ron se toma como mandan los maestros de las casas roneras: principalmente puro o en las rocas. Uno de los grandes atractivos del lugar es su propuesta de catas dirigidas donde, además de exponer el paladar a la riqueza de los sabores de las mejores marcas del mundo, se disfruta de una maravillosa explicación que acompaña cada sorbo y termina por convertir la visita en una auténtica travesía de placer sensorial e intelectual.

Otra de las maravillas de catar ron en **La Bodeguita de Ricardo** es poder experimentar rituales como sentir el sabor en una cristalería previamente ahumada con especies o con crustas de sarrapia, canela y café o deleitarse con un vaso que ha sido humedecido con la concha de limón o de naranja, o disfrutar de un trago de ron emulsionado con sirope de parchita o con bitter elaborados por la casa con recetas originales y exclusivas, todos métodos cuidadosamente seleccionados para exaltar las cualidades de cada producto, debida y cuidadosamente seleccionado por María Mercedes.

También en **La Bodeguita de Ricardo**, los cocteles que sirve la casa dan mucho de qué hablar y especialmente, mucho que saborear. Son pocos, pero rigurosamente seleccionados, con el enfoque de privilegiar por encima de todo la autenticidad del ron que se degusta.

El Special Mechi Mule que lleva por supuesto ron, cerveza de jengibre, piel de naranja y hielo, servido en su llamativo tazón de cobre, es un impelable. Luego está el Old Richy que se sirve con un toque de azúcar, naranja majada, hielo triturado y un punto de soda. Se suma el Piachu, con ron blanco, azúcar, hielo igualmente triturado y mucho limón. Cerrando la oferta de elixires han desarrollado el Carajillo de La Bodeguita de Ricardo que es una auténtica maravilla, elaborado con Arakúlicor de café y un expreso cargado, y finalmente, el Mis dos Hermanas, que es ron de naranja mezclado con infusión de flor de Jamaica o de durazno.

María Mercedes está feliz porque junto a Ricardo, su eterno amor, La **Bodeguita de Ricardo** está haciendo historia, y ha traído un nuevo sabor y pasión por el café, por el tabaco y por el ron. Es un espacio diseñado con clase, que quiere enseñar y hacer sentir la magia que emerge del amor.

Ricardo y María Mercedes entendieron que lejos de los estereotipos, la ceremonia íntima de los puros conquistó a mujeres y hombres jóvenes que triunfan en sus profesiones y encuentran en este exclusivo ritual el delicioso placer de hacerse humo. La ceremonia del puro requiere de ciertos códigos. Conocerlos es pertenecer a un universo misterioso y exclusivo. La experiencia es íntima, es un placer al que hay que entregarse entero, sin prisas, por puro deleite. Ricardo siempre dice dice: "**Fumar un habano es dejarse llevar por el disfrute, relajarse y distender los pensamientos**". Los detalles hacen a la cosa, y cuando quiere vender su idea expresa "**Más allá de tener tiempo y un lugar para fumar, se necesita un buen cortapuros para no lastimar el cigarro, un encendedor o, mucho**

mejor, varillas de cedro; un cenicero grande, un encendido cuidado y parejo. Y también, claro, una bebida para acompañar el momento". Entonces, y sólo entonces, los secretos del humo podrán ser revelados, la gente lo observa, es todo un ejecutivo, vive su mundo, sabe lo de que habla.

"**Fumar un puro es una búsqueda. La misma búsqueda de sabores, aromas y sensaciones que experimentamos al beber una malta, un vino, un coñac o un ron**", dice Ricardo a sus amigos.

Los clientes de **la Bodeguita de Ricardo** tienen entre 35 y 65 años. En general son profesionales de nivel socioeconómico alto cuya cualidad principal es la de ser hedonistas y exitosos. Son personas que ante todo realzan el disfrute de lo que hacen y que, además, el éxito los acompaña en su vida en general, Ricardo y María Mercedes han aprendido que los fumadores son curiosos, pueden tener su puro de cabecera pero siempre están abiertos a probar novedades saben que los habanos están primeros en la lista (Cohiba, Partagás, Montecristo y Romeo y Julieta, entre las marcas más vendidas), pero también hay demanda de puros de otros orígenes, como de Nicaragua, México, República Dominicana y Honduras, entre otros.

Es sencillo decir que los emprendedores crearán empleos y que las grandes empresas crearán desempleo, pero eso es simplista. La pregunta real es quién innovará.

Guy Kawasaki.

Porzellanfuhre

Don Horacio quiere celebrar junto a su familia fin de año y ha decidió hacerlo en Viena, ha invitado a sus hijas para que lo acompañen, Caridad viajaría directo dese Paris, las jóvenes sabían que no podían faltar.

Todos se alojaron en el Hotel Eurostars Embassy, fueron reservadas dos habitaciones, una doble para Don Horacio y Doña Isabel otra triple para las hijas, el hotel está en una fantástica zona de Viena (Landstraße), a menos de diez minutos en coche de la Ópera de Viena y Hundertwasser House Vienna. Además, está cerca del Palacio de Schönbrunn y de Stadtpark.

Las habitaciones son únicas y el reencuentro fue espectacular se abrazaron y se besaron todos, hace mucho tiempo que no estaban juntos como familia.

Ese día fueron a almorzar como familia, se colocaron buenos abrigos porque el frio pegaba duro, fueron a comer al Barrio de La Catedral, en un pequeño Restaurant Español, allí Don Horacio pidió para empezar un Grüner Vetliner, un vino blanco con sabor fresco y afrutado y empezar solo fue una palabra, se tomaron seis botellas entre todos, hablaron de sueños, pasiones, familia, recuerdos y añoranzas, habían acordado no hablar de trabajo, al momento de la comida Don Horacio pidió un Wiener Schnitzel que era un escalope de ternera empanado, acompañado de una ensalada tibia de patatas, ese es el plato más típico de Viena, Doña Isabel una Forelle nach Müllerin Art que era una trucha a la molinera, María Mercedes un Rindsuppe que era una sopa de carne y Caridad y Bella cada un pidió un Tafelspitz: que era carne de buey cocida con verduras, vinos y especias, todos rieron al darse cuenta que estaban comiendo como si nunca lo hubieran hecho, de postre, el de la ciudad, todos pidieron la tarta Sácher (Sachertorte) que es uno de los postres más famosos de Viena, que es una tarta de bizcocho de chocolate rellena con una fina capa de mermelada de albaricoque y recubierta de chocolate con café negro.

Viena es considerada una de las ciudades culturales por excelencia. Entre música, arte y una arquitectura espectacular, maravilla en cualquier rincón. Enamorarse de Viena es muy sencillo, por eso la mente de esas jóvenes estaban muy distantes, su cuerpo allí pero su alma y corazón en otro lado.

Al día siguiente fueron a pasear por la ciudad y observaron los carruajes que son un hito de Viena desde hace muchos años. Un paseo en uno de estos carruajes tirados por caballos supone una cita ineludible para los turistas que viajan a la capital austríaca. Resulta una forma romántica, bonita y cómoda de explorar y conocer la belleza de Viena.

Las tres hijas se pusieron de acuerdo y le regalaron a sus padres un «Porzellanfuhre» (viaje de porcelana) que es un paseo muy tranquilo y constante, llamado así porque antiguamente las piezas de porcelana de valor debían transportarse así de un lugar a otro, al momento de abordar el carruaje Don Horacio se ríe y les dice, **"no se preocupen, que lo que es igual no es trampa"** y él les canceló un viaje igual para sus tres hijas.

Al momento de ese viaje en Carroza, la forma tan romántica y lenta en que se desarrollaba hizo que las tres jóvenes hermanas se quedaran en el mas profundo silencio, solo atinaban a decir, que bonito esto o que bonito aquello, María Mercedes soñaba con Ricardo, Caridad se imaginaba a Andrés junto a ella en una velad romántica y Bella solo pensaba en su mayor anhelo, en ser libre para vivir su vida a su forma sin que nadie las juzgara u opinara.

La cena de fin de año, fue un momento muy especial, aunque no estaban en su casa estaban todos juntos como familia, se rieron, hablaron, se desearon los mejores propósitos, todo fue muy especial, Doña Isabel les dijo **"estoy muy orgullosa de ustedes, de todo lo que han conseguido"** todas se sonrojaron, todas sabían que era así pero todas y cada una tenían un secreto que no podían comentar, Don Horacio hizo como siempre el brindis y les dijo "**se que lo mejor está por venir**", y todas brindaron, a la media noche se abrazaron y fieles a la tradición familiar usaron ropa interior amarilla, comieron uvas, comieron lentejas y salieron con las maletas a la calle, solo hasta la puerta, porque el frio estaba muy fuerte, al irse a dormir casi a las tres de la madrugada, Don Horacio les dijo " **se que en cualquier momento van a formar familia, háganlo sin temor, pero no olviden nunca nuestro consejo, observen no lo que los hombres dicen sino lo que los hombres hacen**", esa noche las tres hermanas se fueron a la habitación y antes de dormir, sin haberlo planificado, destaparon una botella de vino y así sin miedo con la confianza propia de su hermandad empezaron a tomársela a pico y entre trago y trago se tomaron tres botellas y cuando el licor comenzó a hacer efecto empezaron a volverse sinceras y contaron lo que nadie sabía pero que su alma necesitaba contar, cada una mas sorprendida que la otra porque no se imaginaban lo que cada una estaba viviendo, esa madrugada cuando ya el nuevo año mostraba sus primeros rayos de sol, se hicieron la promesa de que se apoyarían siempre sin importar las circunstancias y así seria pasara lo que pasara, mientras cada una fuera feliz, antes de quedarse dormidas, todas en la misma cama, las risas no paraban y todas sacaron su teléfono e hicieron una video llamada a sus amores y al unísono cuando del otro lado del mundo les contestaron, gritaron, "**feliz año los amamos**" y colgaron al mismo tiempo se rieron como las niñas pequeñas que habían hecho una maldad, apagaron los teléfonos y se acostaron a dormir.

Esos tres días siguientes en familia les sirvió para revivir vejas anécdotas, para compartir y saber que estaban mas unidos que nunca, para saber que como familia eran el mejor equipo.

Al quinto día tocaron algunos temas de trabajo en el desayuno, a Doña Isabel no le gustó el asunto pero volverse a reunir tan pronto no iba a ser fácil, ese día decidieron que Estados Unidos era el próximo destino de Café Sofía y que Bella sería la responsable.

Caridad debía volver a Paris, la forma europea de hacer negocios no daba tiempo para perder, se despidió con un abrazo y a cada una de sus hermanas les dijo, "**que la lucha valga la pena, luchen por ser felices**"

Caridad había pedido vacaciones, y en tres meses iba a ir a conocer la Gran Sabana y la Isla de Margarita en Venezuela junto con unos Alemanes que había conocido, razón por la cual debía reincorporarse temprano a su trabajo.

María Mercedes y Bella debían volver a la empresa, Don Horacio y Doña Isabel se quedarían un mes en Europa, ese momento familiar después de tanto tiempo les había permitido unirse mas como familia y entender que juntos eran un equipo.

"Un hogar no es un edificio, ni una calle ni una ciudad; no tiene nada que ver con cosas tan materiales como los ladrillos y el cemento. Un hogar es donde está tu familia."
John Boyne

CAPITULO IV
EL DESTINO

REGRESAR

Al finalizar el asueto decembrino, cada quien se reincorporó a sus actividades, el inicio del año implicaba la planificación de las actividades a realizar.

María Mercedes aprovechó que Don Horacio y Doña Isabel se quedaron de vacaciones en Europa y se mudó a vivir con Ricardo en el departamento que ella había comprado, fue como una luna de miel, ella trabajando en el negocio familiar y ellos los dos en el negocio que formó junto con Ricardo, todo va como a pedir de boca, no hay nada que pedir, como pareja funcionan y no hay nada que pueda contra el amor.

Caridad y Andrés siguen planificando su futuro, él tiene una nueva responsabilidad temporal que le obligó a pedirle que pospusieran los plazos, jamás podría abandonar su trabajo a medio camino, Caridad lo entendió y sabe que una buena relación se basa en la comprensión, el respeto y la complicidad.

Bella, anda feliz, no cree en nadie, por fin su sueño de vivir fuera del país se va a realizar y mas haciendo lo que a ella le gusta, trabajando en la empresa familiar y libre de vivir su vida como ella quiera.

María Mercedes y Ricardo han llegado ya a un acuerdo, ellos van a esperar que lleguen Don Horacio y Doña Isabel para comentarle acerca de su relación, ella quiere vivir con él y casarse para no seguir a escondidas, ya fijaron fecha de matrimonio ya tiene todo listo, en tres meses serán oficialmente marido y mujer.

El día que llegaron Don Horacio y Doña Isabel a la ciudad, María Mercedes los fue a buscar en el aeropuerto, durante el trayecto hablaron de cómo había estado el viaje y de cómo estaba la empresa, al momento de llegar a la casa, María Mercedes los invitó a cenar y les dijo que se vieran a las ocho de la noche en el Restaurant Casa Pueblo, todos acordaron que si y ella se fue a trabajar.

Don Horacio y Doña Isabel llegaron puntuales allí los esperaba María Mercedes y como siempre lo hacían pidieron un Whiskey y hablaban de trivialidades, en ese momento, María Mercedes en tono serio les dice "**me quiero casar**" ellos se ríen y le dicen "**con quien es?**" y ella les dice "**desde hace un tiempo tengo una relación con alguien que ustedes conocen, es el amor de mi vida y quiero que lo conozcan, espero que respeten mi decisión**" ellos la miraron y le dijeron "**siempre has tenido buen tino al momento de decidir, si es tu decisión te apoyaremos, solo escoge bien**" ella le contesto " **así será**" y les dijo " **en un rato debe llegar está trabajando**" todos hicieron silencio y esperaron que llegara el afortunado.

A los veinte minutos llegó Ricardo al Restaurant, estaba muy nervioso, él mas que nadie sabía que no había actuado bien en el pasado y que eso de seguro le iba a traer consecuencias en algún momento, a llegar a la mesa saludó a María Mercedes de beso y a Don Horacio y Doña Isabel con un apretón de manos, todos se quedaron callados en medio de un silencio incomodo hasta que Ricardo mirando a los ojos a Don Horacio, le dijo "**Cuando joven, no tenía nada en mi vida más que unas ganas de salir adelante para superarme y vivir la vida felizmente. Yo estaba de vago y conocí a María Mercedes, ella era muy linda, le declaré mi amor, y ella no me rechazó, al contrario siento que me amó mucho tanto como yo, ahora las cosas han cambiado, soy un hombre maduro y estoy trabajando duro, me regenere he cambiado**"

En ese instante Ricardo observó la cara de sus suegros y fue de desprecio y rabia, claro que lo atendieron "bien", María Mercedes les dijo " **que estaban juntos hace un tiempo y que se irían a vivir juntos mientras**

arreglaban los detalles del matrimonio" ellos solo se callaron y aun cuando compartieron la cena no hubo mayor cosa de que conversar, pagaron la cuenta y se retiraron, esa noche María Mercedes durmió con Ricardo por primera vez en su apartamento con su familia conociendo la historia y Don Horacio y Doña Isabel en su casa, pero a los días Don Horacio lo buscó y le dijo:

"A ver dime ¿en dónde vas a meter a mi hija si ni tu ni tus padres tienen en que caerse muertos?

Ricardo se sintió impotente, porque realmente si tenía razón, pero le explicó que estaba estudiando para ser administrador y que pronto se titularía, que ya estaba empezando a trabajar en un negocio propio, pero como siempre lo veía como la misma ropa, creía que él le estaba mintiendo.

Ricardo le dijo que sus intenciones eran casarse con su hija y que él trabajaría mucho para mantener a su hija porque la amaba.

De nada sirvió, desde ese día hubo una guerra no declarada entre Ricardo y Don Horacio que no terminaría bien.

Desde el día que Don Horacio y Doña Isabel supieron de la relación de María Mercedes y Ricardo, su convivencia ya no fue a misma, Doña Isabel el día que María Mercedes retiraba la ropa de la casa, se le arrodilló y le rogaba que no se fuera, le recordaba los antecedentes de Ricardo y le pedía que recapacitara, no hubo poder humano que lo impidiera cuando María Mercedes tomaba una decisión nada lo impedía, tanto que cuando decidieron casarse lo hicieron ante un Juez en la mayor intimidad posible junto a dos testigos de oficio.

La relación dentro de la empresa siguió siendo excelente, el crecimiento siempre estaba por encima de lo pautado, los números cuadraban pero la relación de María Mercedes y Don Horacio no mejoraban, Doña Isabel sufría mucho pero sabía que no debía entrometerse cada quien era dueño, amo y señor de su destino.

En razón de la edad de Don Horacio y Doña Isabel, ya no debían vivir solos, motivo por el cual Bella volvió a vivir con ellos, eso implicaba que se había vuelto el canal oficial de comunicación entre ellos y María Mercedes en lo relativo a los asuntos personales.

Caridad no opinaba, ella entendía que cuando volviera a su país con Andrés podría hacer mucho para arreglar esa situación.

A estas alturas del juego Don Horacio y Doña Isabel, ya sabían en que andaba María Mercedes pero ni idea de las relaciones de Caridad y Bella.

Una tarde cualquiera de un domingo cualquiera tocaron al timbre de la casa de Don Horacio y Doña Isabel, era la hora del café, cuando Bella abrió, en la puerta estaba Andrés que venía a saludar porque había retornado al país, Bella lo abrazó y casi susurrándole le dijo al oído "**hola cuñado**" los dos se rieron como cómplices que eran y él entró a la casa, lo atendieron como era, como otro miembro de la familia, conversaron de lo profano y de lo divino, de lo bueno y de lo malo y de cómo había pasado el tiempo y cuando habían cambiado las cosas.

Don Horacio y Doña Isabel le preguntaron si él iba a ejercer otra vez la profesión y él les respondió "**solo para lo que necesite la familia y los amigos pero la verdad quiero montar un negocio propio**" y surgió el tema, Andrés les dijo que había invertido en una red de perfumerías Francesa con una socia y que esa era la idea, él les decía "**Detrás de cada perfume existe un recipiente, una huella sobre el aire, la revelación y la manifestación misteriosa de la seducción a través de un aroma que se esparce, derramándose en una constante transformación para la placentera percepción de lo más exquisito. El nombre de perfume proviene del latín "per" por y "fumare", producir humo, haciendo referencia a la sustancia aromática que se liberaba en forma de nube al ser quemada. El olor que desprendemos nos parece importante, al igual que el percibido por los demás, un factor determinante a la hora de desear estar más próximos a alguien, o todo lo contrario. La industria de los perfumes ha sido un negocio muy rentable y algunos pueden llegar a alcanzar un valor por onza prohibitivo, lo que equivale a unos 30 mililitros aproximadamente de un líquido que se convierte en una sustancia realmente cara, para el uso y disfrute de unos cuantos privilegiados, los que cada etapa de la historia gozan de lo más exclusivo." Todos los asistentes escuchaban en absoluto silencio y totalmente concentrados, era asombrosa la pasión con la que Andrés expresaba su proyecto.

Andrés siguió explicando y decía **"Cada perfume es una nueva obra y cuenta una historia. Creo firmemente que la creatividad y la originalidad son los pilares del éxito. En la perfumería se usan los mejores y a menudo los más inusuales ingredientes, tanto naturales como sintéticos; la idea es desarrollar fragancias que sean realmente bellas, especiales y únicas. Estoy convencido de que nuestros productos cuentan con el nivel más alto de concentrado de perfume de cualquier fragancia del planeta. En algún momento incluiremos productos para el baño y el hogar, velas perfumadas y artículos de cuero. También tenemos en mente entrar en otros**

mercados como el de la joyería, los productos de óptica y otros accesorios" Bella estaba feliz por ver que su hermana se estaba labrando un futuro al lado de Andrés, Don Horacio le deseó todo el éxito del mundo y Doña Isabel le dio su bendición.

Andrés se retiró muy contento, con los años de experiencia había aprendido a no decir todo lo que pensaba, solo él y Caridad conocían la magnitud de sus sueños y no podría defraudarla al contarle a sus padres lo que ella aun no quería que se supiera.

Ese día Caridad y Andrés conversaron vía Skype y ella estaba feliz, por un momento visualizó su futuro ideal, visualizó sus sueños hechos realidad, tenía a su lado a un gran hombre y sobre todo a un gran caballero.

Todo estaba bien, Bella iba aprendiendo cada día mas del negocio familiar, María Mercedes pidió vacaciones por seis meses y le fueron aprobadas, iría a Milan necesitaba ser feliz.

Es en los momentos de DECISIÓN es cuando se forja tu DESTINO. (Tony Robbins)

MILAN

Maria Mercedes, masticando el duro golpe, trató de sanar el orgullo que se generó por el desprecio de su familia hacia Ricardo, herida emprendió con su esposo un viaje a Europa, mientras buscaba la forma de bajar las aguas. Hasta que una mañana, desayunando en el Ritz en Milán, notó que además de su constante dolor de cabeza un temblor en sus dos manos y una rigidez inusual en la pierna derecha. El delicioso hotel Ritz le sirvió en la mesa el primer anuncio de que sus verdaderas desgracias en la vida estaban apenas por comenzar.

En ese momento se preocupó mucho y fue atendida de forma inmediata por los primeros auxilios, junto a Ricardo la llevaron a un hospital donde en un Italiano severo y después de un serie de exámenes el Médico irrumpió en la habitación para confirmar que tenía esclerosis múltiple. Se lo dijeron en Italiano y Ricardo, que no conocía el idioma, lo supo al verla llorar. Nada más recibir la noticia lo primero que a María Mercedes le salió de su boca fue: "**Ricardo, no me dejes nunca'**".

En cuestión de días estaba montada en el avión rumbo a casa volvía con una maleta llena de miedos, a las inquietudes de recién enferma recién casada se unían las de la enfermedad. No sabía a lo que se iba a enfrentar. A la vez, ardía en deseos de reencontrarse con su familia, María Mercedes se moría de ganas de abrazar a sus padres y estar con ellos.

Al regresar antes de tiempo, fue a casa de sus Padres y les comentó lo que estaba pasando, todos se alarmaron, inmediatamente Don Horacio quiso asumir la batuta de cómo se le iba a ayudar, ante lo cual María Mercedes se opuso, ella quería vivir su enfermedad en familia pero que las decisiones personales fundamentales las tomara Ricardo, las laborales ya les correspondería a la familia.

Por tres semanas María Mercedes sufrió de vértigo, perdió el equilibrio y tuvo Nistagmo, una condición que genera movimientos involuntarios del nervio ocular por lo que no podía ver bien y mucho menos leer.

Eso la obligó a casi aprender nuevamente a escribir mediante terapias porque le costaba. Le tocó ir a citas de fonoaudiología porque se le tienden a ir las palabras o las ideas.

Los neurólogos que estaban al frente del caso, al ver que el tratamiento no estaba surtiendo efecto decidieron someter a María Mercedes a cinco días de quimioterapia para regenerar su sistema inmune. Eso generó una incapacidad médica.

El estrés propio de la situación que estaba viviendo trajo como consecuencia Inicialmente un desprendimiento de vítreo, En cuestión de días, tras exámenes médicos, una IRM (imagen por resonancia magnética) y una punción lumbar, determinaron que tenía esclerosis múltiple. Sin duda alguna, su condición era "la clásica", como le dijeron.

María Mercedes conocía la enfermedad por su nombre, pero sabía muy poco sobre sus consecuencias, o sobre cómo le afectaría personalmente. Tenía muchos más conocimientos sobre enfermedades como el cáncer, después de haber visto a muchas personas morir por esta enfermedad. Siempre se preguntaba no podía simplemente tener cáncer, tenía que ser algo diferente de lo común de la gente.

Durante las siguientes semanas, el entumecimiento comenzó a irse de sus piernas, pero estableció un campamento permanente en sus pies. Empezó a experimentar síntomas como cansancio, problemas de aguante y equilibrio, pero el que más problemas le dio de todos ellos fue la incapacidad de pensar claramente o actuar con seguridad y consistencia. Esto fue más que molesto para ella. Era una amenaza a su carrera profesional, a la que había dedicado tantos años. Era un trabajo que requería habilidad y velocidad mental, aptitud para fijarse en los detalles y una buena y cultivada memoria. Y entonces, una mañana sentada delante de su ordenador, se dio cuenta de que se había olvidado de su nombre de usuario y contraseña. **¡Si, las mismas que había utilizado durante los últimos años!** Era consciente de que poco a poco iba perdiendo su memoria, que cada vez era más complicado recordar detalles – pero esto era mucho más que un simple desliz. ¡Era un fracaso épico! ¿Cómo iba a ser útil en un trabajo en el que necesitaba no solo un alto nivel de competencias, sino una gran responsabilidad hacia su familia?

Los meses posteriores al diagnóstico, empezó a tener brotes, se encontraba muy cansada y un sinfín de síntomas, sentimientos y sensaciones que no sabía como gestionar. Tenía una visión de la enfermedad bastante catastrófica y lo que le estaba sucediendo era solo el principio. Sabía que no podía seguir así, pero a la vez, creía que no tenía otra salida. Quería mejorar su calidad de vida, pero tampoco sabía muy bien cómo hacerlo. Después de unas Navidades, con el año nuevo comenzó esa búsqueda.

Empezó por lo más sencillo, reduciendo la jornada. Se tomó unas vacaciones, sus padres habían pasado con ella el diagnóstico, la vieron como estaba cuando volvió de vacaciones, incluso le recomendaron acudir al hospital. Así que María Mercedes con toda su honestidad, les dijo que no podía seguir así. Les planteó una reducción de sus horas de trabajo y un cambio de horario para volver a casa más pronto y poder descansar. Después de pensárselo durante unos días, aceptaron y le dejaron escoger el horario que mejor le convenía. Así que optó por trabajar jornadas de seis horas, de ocho de la mañana a dos de la tarde. Esta situación debería ser lo habitual, no lo excepcional.

Pero seguía encontrándose mal y con los brotes a cuestas. Casi todas las primeras sesiones con la psicóloga fueron para averiguar qué podía hacer con su vida sin dejar de lado su actividad profesional, pero todo era concluyente entre la depresión que cargaba, su actividad en dos empresas y su reciente matrimonio, no había tiempo para cualquier mejora.

María Mercedes convocó a una asamblea general de socios y una vez que presentó los resultados económicos renunció a la Presidencia, sorpresa para todos, miles de preguntas y una sola respuesta **"Ya estoy del otro lado, ha sido un proceso duro y difícil, siempre está el miedo de será que si saldré de esto o me quedaré. Ahora me siento muy bien"**, **puntualizó entre lágrimas pero debo ser feliz, debo luchar por mi felicidad, trabajo o me muero"** ante la situación, solo se le aceptó darle una licencia de dos años como lo permitía la Ley de seguridad social para ver cómo evolucionaba, ante dicha situación se cerraba la idea de ir a Estados Unidos, se encargaría por unos meses Bella, mientras Caridad se devolvía de Europa y Bella manejaría Europa.

Durante este periodo de tiempo, Ricardo no había respondido bien, tampoco hacia la enfermedad. Ricardo se casó con una mujer llena de vida y energía, una entusiasta de la juventud, con un espíritu luchador, y acabó con alguien diferente – cansada, confusa e indispuesta. Ya no era la mujer con quien ella se había casado. María Mercedes pensaba en Ricardo sobre la injusticia que le ha tocado vivir a él, también le había tocado a otros, especialmente a aquellos que amaban, que han deseado tanto, que han soñado tanto, y anticipado tanto.

María Mercedes conversando con Bella le decía "**No nos gusta decepcionar a otras personas. Una mujer, a su hombre, aún menos.**

Por ello, desde nuestra propia amargura, inmersos en nuestro destino, debemos entender y aceptar la amargura que pueden sentir los demás. Debemos entender sus sentimientos, ya sean nobles o no. Después de todo, las personas comunes, son raramente nobles. Las personas normales sucumben al enfado, la tristeza, el dolor, la depresión" Bella le dijo "**te vas a recuperar**" y María Mercedes le contestó "**Todavía recuerdo todos los sentimientos que tenía durante esos días, como si fuese ayer.**"

La decisión de cambiar de trabajo para el que se había estado formando durante tantos años y dejar lo que le gustaba desde que era una niña había sido una de las más difíciles de su vida. Ese mismo verano le dio otro brote. Finalmente con muchas dudas y un miedo tremendo a equivocarse, dejó de participar en el negocio que tenía con Ricardo, que él se encargara de todo y le dejó la administración firmándole un documento que le entregó en sobre sellado. Sabía que, o lo dejaba ahora, o no lo iba a dejar nunca porque cada vez le iba a costar más y con el paso del tiempo, podría tener más responsabilidades.

En el momento acordado llegó Caridad, ella iba a asumir la Presidencia de forma temporal y Bella saldría a buscar experiencia, Caridad no quería eso, ya que sus planes se pospondrían y ella no lo quería pero Andrés le insistió "**primero la familia, nosotros podemos esperar**", Caridad aceptó inconforme pero aceptó, una cosa era manejar una filial pequeña en un mundo bohemio y otra la principal con un mundo de etiqueta rígido empresarial.

Bella se preparaba para asumir su nuevo rol, estaba corriendo por todos lados preparando la entrega a Caridad preparándose para recibirle a Caridad y aprendiendo el idioma, aunado a que ella estaba pendiente de Don Horacio y Doña Isabel ya que Caridad no quería vivir en la casa materna sino en un apartamento para poderse ver con Ricardo, ellos habían acordado darle unas largas en hacer pública su relación en razón de la situación de María Mercedes.

Un día las tres hermanas se reunieron a conversar, entre un cuento y otro planificaban el movimiento de la empresa y Caridad le preguntó a María Mercedes, acerca de su relación con Ricardo, y ella le respondió **"Él me lo dijo una vez ebrio, que no me deseaba como mujer y creo que ese fue para mí uno de los momentos** más duros de toda mi vida. Cuando la persona que tú amas con locura te dice que no te desea como mujer se te cae el mundo y es mucho más duro que pasar por la enfermedad" todas se quedaron calladas pero María Mercedes lo justificó **"estaba ebrio"** y prosiguió hablando **"La Esclerosis Múltiple es un golpe muy fuerte en tu vida. Hay un antes un después en el que te tienes que plantear muchas cosas. A ver, la vida la tienes que vivir igual. ¡Tienes que ser igual de feliz! Pero hay que plantear las cosas un poco más pausadamente. Hay niveles de estrés que, si a un cuerpo sano ya la afectan, para un cuerpo que sufre una enfermedad como la esclerosis múltiple resultan mucho más fatigantes. Te has de plantear la vida tal y como te viene. Cada** mañana has de levantarte y decir: por mi vida me voy a parar. La cuestión es obligarte. Habrá un día que estarás mejor y otro que estarás peor, pero cada mañana debes obligarte. Haces la vida de una persona normal y corriente. Que notas que hay algo que te falla... recondúcelo. Que te falla la memoria... haz clases de memoria. Que te falla el caminar... ve a la piscina, haz bicicleta. Recondúcelo. Debes dominar tu vida, lo que no puede ser es que te domine la enfermedad. Porque la vida ya es bastante complicada con muchas otras cosas como para encima tener que estar todo el día pensando precisamente en eso. No. Sigue adelante. La cuestión es ésta. No te puedes parar. No es que no tengas derecho a pararte, todos tenemos derecho a pararnos, pero es que no te lo puedes permitir. La cuestión es ser feliz con lo que haces, sentirte siempre completa. Tener amigos y familia que estén contigo y siempre te ayuden. Esto es lo que más facilita la felicidad. Pero aparte de esto, haz lo que sea necesario para salir adelante. No puedes pararte porque la vida no se parará por ti. Y esta enfermedad no es para marcharse mañana. Luchar, no me queda otra. Es una lucha. Yo contra la enfermedad. La cuestión es decidir si ella podrá conmigo o yo podré con ella. Y evidentemente en todo esto la familia, los amigos y la pareja hacen muchísimo"

María Mercedes les dijo "hermanas cuando me dijeron lo que tenía esclerosis múltiples, Los primeros dos días fueron brutales.

No había ni cinco minutos que pudiera parar de llorar y Ricardo siempre estaba ahí. Todo me afectaba. Cualquier cosa que me decían era un planteamiento brutal... Toda la información te viene de golpe. Es como si te dejaran veinticinco libros sobre la mesa, todos de golpe, y venga... ¡A leer! Sólo que te pongas a buscar un poquito por Internet encuentras una brutalidad de informaciones que deben matizarse. No todo es blanco o negro, hay grises. Cada caso es un mundo diferente. Al final te tienes que plantear, no qué información quieres aceptar, sino cuál es válida para ti. En estos momentos necesitas un apoyo total de la familia, los amigos, la pareja... Todo el mundo debe estar contigo. Porque cada tres cuartos de hora tienes una situación que es una nimiedad pero te sobrepasa. Es un golpe muy duro. Y aún más a la edad con la que normalmente se da... ¡y es que son veintisiete años! No has tenido ni el derecho de hacer vida "de adulto". No te han dado permiso para hacer nada. Te lo dicen a los veintitantos y te quedas allí... Acéptalo. Ya está. Lo tienes que superar"

Caridad les dijo "**La vida es para disfrutarla, las caídas se asimilan mucho más rápidamente cuando vamos viendo que, después del primer choque, la cosa no va a más. De acuerdo, la tienes, tienes tu medicación y la tendrás de por vida, pero sabes que no es un impedimento. Has tenido una parada que debes reconducir, pero puedes salir adelante**" y todas con lagrimas en los ojos se abrazaron y dijeron amen,

Caridad y Bella habían acordado previamente no discutir nada con María Mercedes y así lo hicieron, ese día Caridad les informó que ella tenía un compromiso personal pendiente antes de asumir la Presidencia, que era ir a Venezuela a la Gran sabana y luego a la Isla de Margarita con unos amigos Alemanes y que debía cumplir, Bella y María Mercedes se rieron y de una preguntaron **¿Ahora Andrés es Aleman**? Y aunque no paraban de reírse, Caridad les aclaro "**voy sola con ellos, son una gente que conocí en mi etapa europea**" luego cenaron y se fueron, al ir en el vehículo Bella y Caridad aunque no lo dijeron lo pensaron, lo de Ricardo y María Mercedes no iba a terminar bien.

Caridad conversó esa noche con Andrés y le hizo jurar que si algo le llegaba a suceder a María Mercedes o a su familia él las ayudaría y él le dijo que si, aunque solo las hermanas sabían que Caridad vivía con Andrés en el mismo departamento, Don Horacio y Doña Isabel por los momentos aunque lo sospechaban no lo sabían del todo.

"*No tienes que prometerme la luna... Me bastaría si sólo te sentarías conmigo un rato debajo de ella.*'

Anónimo

VENEZUELA

Caridad tiene listo su viaje, va a estar fuera diez días, conocerá Venezuela y dos maravillas del mundo La Gran Sabana y la Isla de Margarita, irá con unos amigos alemanes y después volverá a asumir dos roles fundamentales, la dirección de la empresa y su vida como ama de casa junto a Andrés.

Esa noche Andrés preparó en el apartamento unos sándwich con lomo de cerdo ahumado, lechuga, cebolla morada y tomate junto a un té caliente, conversaron jovialmente, cuando estaban en la más profunda intimidad de la conversación, él le dio dos cajas de regalo, del mismo tamaño y forradas de la misma forma, ella se sorprendió y le preguntó "**Qué es eso**" y él le dijo "**ábrelas**", ella le preguntó "**cual abro primero**" y él le dijo "**la que quieras**", ella abrió la de la derecha, para su sorpresa era una fragancia, una chanel N° 5 con una nota que decía:

"Tras la Primera Guerra Mundial, concretamente el 22 de diciembre de 1919, Mademoiselle Chanel sufre un duro golpe en su vida por la muerte de su gran amor Boy Capel. Para evadirse de esta situación emprenderá un viaje a Italia. Allí conocerá al Gran Duque Demetrio Románov, primo del Zar Nicolás II, quien se convertirá en su amante en el verano de 1920 comenzando con él su gusto e interés por los perfumes. En 1921, Chanel ya es conocida tanto en Francia como en Estados Unidos. Ella considera que la seducción se podía encontrar en la personalidad, en la forma de andar y en definitiva en aquello que transmite la persona. Los perfumes de aquel entonces no eran de su agrado, ya que eran en su mayoría monoflorales y para ella no expresaban la personalidad de la mujer, por lo que decidió crear su propio perfume. El perfume tuvo una historia larga con dificultades y triunfo. Chanel n.º 5 se nombró así porque fue la quinta prueba que contiene aldehído y esencias de flor de naranjo amargo, jazmín, rosa, rastros de madera de sándalo, vainilla y vetiver entre otras. Después de la segunda guerra mundial cuando la casa de modas cayó en bancarrota, la innovadora, moderna y cómoda idea de pantalones femeninos y el perfume Chanel colocaron de nuevo a la alza a la casa de modas Chanel. Desde su creación el perfume se sigue vendiendo en todo el mundo. La estrategia de Chanel fue el boca a boca y la curiosidad, comenzando a regalar algunos frascos y vaporizando con él algunos salones donde se vendían prendas de alta costura, de forma que las clientas empezaron a sentir curiosidad sobre la peculiaridad de esta fragancia. Ésta es exclusiva de París, en la Rue Cambon y Boutiques de Deauville y Biarritz.

Caridad mi Chanel nº 5 eres tú ya que es un perfume que trata del lujo y la elegancia, que rompe con lo tradicional , es identificado como un símbolo de seducción conquistadora, hasta tal punto que al final de la II Guerra Mundial, los soldados americanos hacían interminables colas en la boutique de la calle Cambón para adquirir un frasco del nº 5 para la mujer de su vida. Antes de viajar hoy haz como Marilyn Monroe quien

tras preguntarle un periodista que se ponía para dormir, ella respondió: "unas gotas de N°5... Andrés". ella se sonrojó y lo besó, inmediatamente abrió la segunda caja, en la cual había una sortija, que no decía nada pero decía todo, y ella solo le dijo "**sí acepto**" y lo besó. Ella se fue al cuarto a arreglar la maleta y él se quedó organizando la cocina, cuando él terminó entró al cuarto, se quitó la ropa y se duchó, cuando salió de la ducha iba desnudo secándose el cabello con la toalla y entró al cuarto y ahí estaba ella solo con el Chanel N° 5 puesto encima.

Caridad le dijo "**Una Mujer debe de ser Esposa o Novia, Amiga, Amante y Prostituta para poder complementar totalmente a su hombre**" y Andrés le respondió "**Tú, eres blanco y negro. Tú siempre, cubierta en el velo de la noche mas**

oscura de nuestras vidas. Tú eres ese encaje que me vuelve loco, eres tú solo tú"

Esa noche oscura. Era real, era mentira, era lo que él quería que fuese. Era suya no era de mas nadie, era irreal era perfecta era pura, ella estaba más allá del bien y del mal, la vivió como si fuera la última vez. La tomó para él, la volvió moldeable, la tuvo como nunca había tenido a nadie. Dio todo de sí, controló su deseo primal, se hizo de hierro para volver a ser el que ella quería que fuese. Un amante, un inolvidable. Cada gemido era una victoria, cada sonido de sorpresa, cada murmullo. Era su música, el ritmo de un melómano enamorado de una diosa con cuerpo de guitarra.

El deseo lo consumía. Acumulado, indomable y fiero, muchos de los pensamientos depravados que tuvo durante su vida fueron ejecutados. Precisión, placer, dedicación. ¿Cuántos sinónimos tenía para como quería hacerla sentir? Quería que llorara de placer, quería destruir sus paredes y entrar en su mente. Quería que ella lo viera a él cómo su amor como su todo, como su complemento

    Así que se deleitó en su cuerpo de todas las maneras posibles previniendo lo peor. Pasó su lengua por su cuello, y la sintió respirar acelerado. Un gruñído animal se escapó de su garganta, ella estaba esperando complacerlo, o ser complacida. Se llevaría una sorpresa. Bajó su mano a donde pierde el nombre la espalda, y la apretó contra él. Puso sus piernas alrededor de sus caderas, mordió el lóbulo de su oreja y se unió con su diosa. Con cada movimiento, un ritmo de caderas, un escalofrío. Con cada impulso, un gemido ahogado en sus labios. Ella, y sus labios rojos de tanto besarla. Ella y su piel, sonrojada por el placer. Con cada movimiento, un sonido. Ella, hecha seda, ella, hecha suya.

Todo esto acababa de pasar. Frente a él, la diosa se hacía suya. Y lo disfrutó tanto o más que él. Se sentía en el aire. En una gloriosa burbuja de euforia, Ella lo miró mientras se apartaba de él por primera vez en la noche.

"**Pruébame que esta noche es real**" le dijo Caridad mirándolo a los ojos.

Esas palabras se fueron directamente a su orgullo. Despertaron deseos de hacerla suya de nuevo. De demostrarle una y mil veces que no estaba allí solo para complacer, sino para ser complacida. Andrés palmeó el lado vacío de la cama, y ella se rodó con un poco de duda para entrar nuevamente bajo la cobija. Hubo un momento en el que todo quedó congelado y ella cambió frente a sus ojos. Atrás estaba la dominante, la dueña de la cama.

Estaba frente a él otra mujer. Una nueva, una dudosa y relajada al mismo tiempo. Fresca, natural, real y calmada. Una que parecía estar dispuesta a extender la noche hasta un desayuno compartido si se portaba bien, con picardía en sus ojos. Andrés no creía lo que veía, no creía lo que sentía, era éxtasis, satisfacción, alegría, deseo, todo a la vez. Desenfrenado, apasionado, sin control alguno. Frente a él estaba una diosa que le abría las puertas al paraíso. Y el haría todo lo posible por quedarse allí. Sin pensarlo, la besó como si el mundo se acabara. Para él en este momento, en esta noche oscura y llena de ella, había ocurrido un cataclismo. El mundo se acabó para el chico que no creía en el amor. Estaba enamorado, y la única que brillaría en sus noches sería ella, haciendo una orquesta de sonidos de deseo.

Mientras la besaba y corría la cobija, la escuchó reír. Y levantó la mirada para verla a los ojos. Sin pensarlo, plantó un beso justo en la unión de sus caderas con su muslo. La mujer lo miró directamente, y él se lanzó directo al precipicio.

"**Quedate. Tenemos mucho que vivir juntos, no viajes**" le dijo Andrés, y parecía que el mundo explotaba de nuevo.

La mujer lo quería en su cama, y por el resto de su vida. La fiereza del beso lo consume, la alegría que sentía eran imposibles de explicar. Ahí estaba, su oportunidad de darle luz a la noche. Y vida a sus días. Esta noche, era deseo puro. Al despertar, sería gratitud. Por una y mil noches oscuras compartidas entre los brazos de esta mujer iridiscente. Ella, a horcajadas en sus piernas, sonreía. Esta mujer lo va a llevar al cielo, antes de caer en el placer de hacerla gemir hasta que se saliera del mundo y fuera solo seda en la noche.

Eran las nueve de la mañana y Andrés se despertó, Caridad ya no estaba, se había ido y como era su costumbre no se despedía, nunca le habían gustado las despedidas, algún día tendrían que hablar de ello pensó Andrés, sobre la almohada una nota que decía:

"Andrés, Huimos juntos de la distancia que nos mantenía lejos para volver a unirnos. Madrugamos para subirnos a esta lucha a prueba de cobardes, para que en medio del día a día, más allá de donde la luna brilla, no hubiera escapatoria.

Nos impulsan los sueños, los altibajos, los retos diarios. Nos mecen las ganas, las ilusiones y las dudas que nos han traído engañados hasta este sitio llamado hogar. Nos mece la vida, saliendo a nuestro encuentro, como ese tibio sol del horizonte que se alza aclarando todo lo oscuro.

Nos impulsan los nervios, la prisa y la calma, la espera. Nos impulsan los latidos que por momentos me delatan, que por momentos me hacen dudar de si sigo viva, de que si te merezco. Nos impulsan la esperanza, esa alegría contenida que ve más allá de donde alcanzan nuestros ojos. Y entre una millón de pensamientos y un sin número de errores, noto que nunca me dejas.

Desvío tu mirada para que no puedas leer en mis ojos que 'tengo miedo', aunque aún no te lo haya pedido. Que 'tengo miedo', aunque estemos tan acostumbrados a resistir, que no notemos que las fuerzas a veces nos faltan. Que 'tengo miedo' aunque todavía no lo imagines, aunque todavía no lo esperes.

Y sentándote junto a mí, posas con los ojos cerrados mientras el sol te pinta. A lo lejos comienzan a verse los restos de un sitio llamado familia y sé que ya estamos llegando.

Al sitio donde convergen nuestras almas a la que nos escapábamos para jugar a soñar. Al lugar donde viene a nacer lo nuestro.

Este viaje será la última vez que nos separamos, siempre mío, siempre tuya.

Caridad"

Andrés se quedó sorprendido por la carta pero estaba completamente feliz, nunca se perdonaría no haberla acompañado en ese viaje aunque le había pedido que no viajara, si ya no había razón que lo impidiera, sino fuera por el hecho de haberle dado su palabra de mantener el secreto mientras Caridad asumía la dirección de la empresa para no alterar a Don Horacio y Doña Isabel se hubiera ido con ella, ese fue un día normal, se escribió con Caridad varias veces por teléfono y le deseó toda la felicidad del mundo.

A Andrés la incertidumbre no le deja dormir. Éste sería un domingo cualquiera, si no fuese porque el día que le seguía no sería un lunes normal. Probablemente le toque guardar en la memoria esta fecha para la posteridad o se convierta en un recuerdo que no pueda borrar aunque lo intente con todas sus fuerzas.

Lo que tiene seguro es que en algún momento de esa noche, mientras su cuerpo descanse en la inerte inconsciencia, algo en su vida habrá cambiado de repente, quién sabe si para siempre.

El asunto es que no puede dormir. En silencio y a oscuras espera, con más lucidez de la que le gustaría, a que lo venza el cansancio. Tiene la tentación de mirar el reloj, pero sabe que si lo hace no ganará nada. Piensa en todas las fiestas navideñas hasta los diez años, en la noche antes de su grado, su primera noche viviendo fuera de casa, la noche antes del primer día de trabajo, y en todas las vigilias de días importantes de su vida en que todavía tendrá que lidiar con el insomnio.

Cuando era pequeño se añadía otro problema: el miedo a la oscuridad. Ahora, en cambio, le gusta el silencio y la oscuridad. Es la única forma de escuchar sus pensamientos, refutarlos y dejarlos ordenados para que nadie los cambie. Es el problema del mundo: el ruido y el exceso de imágenes no dejan a la gente pensar y terminan actuando por imitación y no por convicción.

A cada segundo que pasa, va descontando los minutos que quedan hasta que suene el despertador y sabe que cuando eso ocurra y el cansancio no le deje poner los pies en el suelo, se acordará de este momento y deseará no haberme quedado desvelado, pensando en tonterías.

Pero supone que siendo mañana un lunes especial, esto no le importará. Porque tendrá más motivos para levantarse que para quedarse perezoso entre las sábanas. Porque mañana, cuando despierte, por fin se habrá llenado ese rincón de su mente, que ha mantenido reservado durante tanto tiempo. Ese espacio tan cercano al lugar donde se segrega la alegría, la ilusión y la sensación de plenitud.

Pero todavía queda un obstáculo, aún le queda lo más complicado: lograr conciliar el sueño.

"Siempre simplificar, nunca añadir".

Mademoiselle Chanel

Makunaima ...

Caridad ya iba volando y en su tablet consiguió una lectura de la Gran Sabana que decía así:

"Cuenta una Antigua leyenda de los indios Pémones de la gran Sabana, que cerca del Kukenan residia la antigua población de los Makunaima Este majestuoso Tepui se le designaba también Malawi-Tepuy, que significa "si lo subes mueres", así que nadie osaba

subirlo y ni siquiera acercársele. En el camino a Kukeman existen una gran cantidad de árboles petrificados y afirmaban los más viejos de la aldea que este bosque estaba poblado de animales fantásticos que emitían ruidos terroríficos en el anochecer. Los indios de la aldea creían firmemente que la cima de la montaña estaba habitada por criaturas invisibles que custodiaban esta gran formación rocosa. Sin embargo, Meriwarek, el más viejo de todos los Makunaima aseguraba también que la montaña estaba rodeada de piedras transparentes que podían realizar fuertes curaciones frente a grandes enfermedades endémicas

Un buen día, Makunaima-piá, el

más joven de los Makunaima enfermó gravemente. Su madre creía firmemente que había adquirido esta peste gracias a esas extrañas excursiones que realizaba cerca del Kukeman. Los más viejos de la aldea se lo habían advertido que los dioses se iban a enfadar por su osadía. Pero, Makunaima-Piá era un niño muy temerario y aventurero. Le encantaba hacer largas excursiones y ya a los diez años había traído a su aldea una colección de guacamayas de bellísimos colores que se encontraban cerca del bosque petrificado.

Makunaima-Piá había cumplido ya sus doce años de vida y decidió trepar al Gran Tepui esa mañana. Sus abuelos le advirtieron:

-No subas, que mochimá te puede raptar en su vuelo y llevarte a la cumbre de Kukeman, donde tiene su nido y serás comidilla de sus pichones que están siempre hambrientos.

Pero, Makunaima-Piá no hizo caso, y se fue temprano en la mañana. Durante el transcurso del día cayo un gran tormenta, y estuvo lloviendo por cantaros. Y esa noche le dio una fiebre altísima, en su delirio febril le pareció ver bajar de la gran montaña unos seres parcialmente visibles que le dieron un brebaje en base a hierbas aromáticas.

Al día siguiente Makunaima-Piá sintió que le había bajado la fiebre. Pero lo más extraño de todo es que se encontraba en otro sitio, cerca de su aldea. Estaba minado de picaduras de puri-puri. Esos pequeños zancudos le había erupcionado toda la piel. Sabía por experiencia que era alérgico a sus picaduras y que sufriría las consecuencias. Cerró los ojos y decidió descansar un rato.

Mientras tanto, el mayor de la aldea, se encontraba realizando su caminata diaria y fue entonces, cuando vio a Makinuaima-Piá tendido en unos arbustos. Inmediatamente fue a pedir ayuda a los hombres de la tribu, Iwaká, el jefe de los Makunauma lo vio con preocupación;
-Llévenlo rápidamente al hogar común, y lo tendieron con delicadeza en su hamaca- dijo con preocupación

-Es esa enfermedad que le da Makinauma-Pia cuando le pican los Piru-Piru-Lloraba su madre con desesperación.

-Tranquila mujer, ya encontraremos una solución- dijo su esposo tratando de calmar a su mujer.

Merivarek, el mayor de la tribu, afirmo:

-No existe manera de curar el mal de Makinauma-Pia, con mis hierbas medicinales pero sé que cerca de la cima del Kukenan existen unos cristales transparentes que pueden curar grandes enfermedades-

Ese dia, Merivarek se reunió con los hombres de su tribu.

-La única manera que salvemos a Makinauma-Pia es que subamos a Kukenan afirmo Merivarek.

-Mochimá nos puede devorar, y he oído decir que sus pichones comen con gran ferocidad la carne humana- dijeron todos los hombres de la aldea.

Merok se mantenía en silencio, este era muy ágil con su arco y flecha y dicen los más viejos de la tribu que en una ocasión trajo a su familia tal cantidad de lapas que salvo a su familia de una gran hambruna, y había matado a un fiero tigre que acosaba la aldea, y por esta razón ningún cunaguaro osaba acercarse a la aldea por temor a las flechas de Merok.

Merok, a pesar del gran temor que le inspiraba el gran Tepui, decidió aventurarse a subirlo.

-Yo subiré al gran Kukenan y buscare los cristales- exclamo Merok con firmeza.

-Tendrás que irte solo, llévate las provisiones necesarias y ojala tengas suerte- le respondió Iwaká

A las pocas horas salió Merok hacia el gran Kukenan, atravesó el bosque petrificado y empezó a subir el inmenso Tepui. Su corazón latía con mucha fuerza ya que se encontraba a gran altura. Decidió descansar unas horas y se recostó debajo de un majestuoso árbol. Y fue allí donde vio cerca de una gran cueva unos bellos cristales. Estos deben ser los cristales milagrosos de los cuales habla tanto Meriwarek Pensó para sí mismo. Los tomo con mucha delicadeza y los metió en su morral, y en ocasiones a medida

que bajaba el gran Tepuy sentía la sensación que alguien lo observaba, pero no se detuvo a pensar en ello. Corriendo con gran agilidad y apuro se dirigió a su aldea, se los entrego a Meriwarek y con sus hierbas milagrosas y el uso del cristal curó al muchacho. Y fue así como Merok fue conocido en la gran sabana como el único hombre que se atrevió a desafiar al kukenan convirtiéndose con el tiempo en el guerrero más noble y valiente de todo su pueblo.

Al terminar de leerlo Caridad se quedó dormida, al final de la tarde ya estaba en la Gran Sabana y confirmó lo que decían, que si alguien quiere estar más cerca de Dios ese es el sitio. Durante la semana se comunicó con Andrés cada vez que podía, la cantidad de imágenes que enviaba era la prueba de lo bien que lo estaba pasando y de lo bello que era el sitio, en una conversación vía wassap le escribió **"Canaima, es rica en monumentos naturales que atraen a miles de turistas, los que se aventuran a conocer estos majestuosos paisajes que ofrece la Gran Sabana, en especial el Salto Kamá, por su impactante caída de agua, son los que la denominan la entrada al paraíso, tenemos que venir juntos"**. Acordaron conversar cuando ella llegara a Margarita dentro de dos días.

Ella debía durar cuatro días en Canaima y cuatro días en Margarita, pero al tercer día ya quería volver a una ciudad grande y vio la posibilidad de cambiar el pasaje con otro turista que quería quedarse un día mas y no lo pensó mucho ni tampoco se lo comentó a nadie.

A las 6:00 de la tarde de ese día, Doña Isabel llama insistentemente al móvil de Andrés, cuando por fin le responde le dice entre sollozos "**Andrés ayer 24 personas murieron víctimas de un accidente aéreo que se registró aproximadamente a los 6:16 minutos de la tarde en Ciudad Bolívar, cuando una aeronave se precipitó a tierra como consecuencia de presuntas fallas mecánicas. La nave viajaba desde Canaima hacia Porlamar, pero hizo una escala en Ciudad Bolívar para equipar combustible y no sé nada de Caridad**"

Andrés cortó la llamada y prendió el televisor, ahí viendo el noticiero escuchó "**El siniestro se produjo en las adyacencias del Hotel Cumberland en el sector conocido como La Invasión, en la avenida**

Menca de Leoni de la ciudad capital, ocasionando un incendio que afectó a una de las casas del sector, resultando gravemente herida una mujer de 22 años de edad y su hija, una pequeña de apenas seis meses. Al lugar de los hechos se presentaron el gobernador, el director regional de Defensa Civil y otros representantes del ejecutivo regional"

El vuelo era un vuelo turístico de pasajeros entre el Aeropuerto Tomás de Heres y el Aeropuerto Internacional Santiago Mariño de Margarita, pero Andrés estaba seguro que Caridad no viajaba sino hasta el día siguiente, en ese mismo instante optó por escribirle a Caridad pero no había comunicación posible.

Seguían las noticias y decían que "**El vuelo 225 transportaba a 20 turistas a la Isla de Margarita, destino turístico muy visitado por los extranjeros, abordo también iban tres tripulantes: Un piloto, un copiloto y un mecánico. El avión despegó sin novedad del aeropuerto bolivarense. Durante el ascenso uno de los motores de la aeronave falló, el piloto decidió regresar al aeropuerto, pero cuando empezó a girar el aparato se salió de control, girando sobre su propio eje y cayendo desde 1.500 m de altura sobre un gran árbol, lo que ocasionó que se partiera en dos, la parte delantera cayó sobre la casa, y la trasera sobre un automóvil que se encontraba estacionado en el lugar, para posteriormente incendiarse matando así a todas las**

ocupantes de la aeronave, así como a una persona en tierra. También resultaron heridas un bebé y su madre, que sufrieron quemaduras en el 80% del cuerpo, teniendo que ser amputadas algunas de sus extremidades"

En ese momento llega un wassap, él creyendo que es Caridad, lo abre sin revisar y lee estupefacto el archivo reenviado "La mayoría de los 24 ocupantes del avión eran Europeos, siendo solamente los tres tripulantes, una pasajera Colombiana y un guía de nacionalidad venezolana. A continuación la lista de víctimas del accidente: piloto al mando: capitán Walter Manrique, Copiloto: capitán Ángel López y mecánico: José Olivares.

Pasajeros: Bastian Kameron, Steen Vander, Jderqueld, Van, donder Oen, Piu

Miazerrelu (holandeses); italianos Giovani Castmogi, Pierludi Kanuti, Guissepe Peri y Roberto Kanuti; húngaros Algabiz Kiarobn y Peter Pastor; estadounidenses Liecaro Goden, Rober Yorki, Colin Riayne, Blisa Ariboy y Lee Aboubi; austriaco Henoe Schacke; venezolanos Rosa Lairet Gambasi Molina, Jorge Fabrizio Bravo Murillo, Caridad...y guía: Ramón Santana González Alberti.

Andrés Apagó la televisión y salió al balcón. El cielo enrojecido, como herido de muerte, era el preludio de la oscuridad, que no tardaría en llegar. Las nubes se cernían sobre el horizonte como un telón que desciende lentamente preparando a los espectadores para el aplauso final.

Abajo, en la profundidad de la calle, las personas se movían con más prisa de la habitual, con una agitación propia de la incertidumbre, alimentada por la superstición. Todos los informativos hablaban de ello, era la comidilla en la oficina, el chiste del día en las radios, el trending topic mundial, una tragedia para la humanidad, la muerte para el alma de Andrés.

Hoy era ese día en el que muchos habrían hecho algo por primera vez, como si fuera la última. A esta hora de la tarde se sucederían las cenas familiares, las llamadas a larga distancia, los delitos, los actos sexuales, los suicidios y las colas en los confesionarios, por si las moscas.

Andrés recordó que un amigo le dijo una vez que si mañana fuese el fin del mundo, él seguiría viviendo como si no lo fuese. Sólo aquellos que no han vivido con templanza se arrepienten de lo que les ha quedado por hacer.

Con las primeras gotas cayendo del cielo decidió volver a su habitación, pensando que nunca se había imaginado un final catastrófico; más bien un rápido letargo o un desvanecimiento lento, el tiempo justo para poder rezar un padrenuestro y alguna petición desesperada

Haciendo un breve repaso por la vida, comprobó que Caridad ya había cumplido todos los objetivos que se había propuesto en su vida. Había sido feliz y había estado triste, la amaron y también la rechazaron, saboreó el triunfo en el mismo vaso que el fracaso.

Y ya vencido, totalmente derrotado y rendido en la cama, se soltó a llorar, en ese instante lo llamó Bella ambos lloraron desconsoladamente y ella le rogó que fuera a reconocer el cadáver, para ellos no era nada fácil, que ya le tenía un pasaje aéreo para las 10 de la mañana, Andrés colocó el despertador a las seis y cuarto, como siempre, y pensó que si no hubiese mañana, su vida ya habría valido la pena.

Andrés abordó el avión, con una mente casi en blanco, solo rogaba a Dios por un milagro, que la noticia estuviera equivocada que todo fuera una simple pesadilla. Llegó a su destino y entró al hospital, se identificó como el esposo de Caridad y lo hicieron tomar asiento, un Psicólogo se le acercó y antes de que dijera algo Andrés le dijo "**no pierda el tiempo conmigo, yo soy Abogado, pase lo que pase y aunque mi alma muera el mundo sigue**", lo dejaron solo.

El olor era insoportable Un doloroso color blanco cubría la superficie de la mayoría de objetos que podía alcanzar con la vista. Mesas, sillas, paredes, lámparas, cortinas, todo el mobiliario compartía la misma insípida decoración que difícilmente podría diferenciarse de la habitación acolchada de un loquero.

Blanco, el color de la neutralidad, de la imparcialidad, del equilibrio, de la serenidad, que sin embargo, en esas circunstancias no le transmitía más que impaciencia, ansiedad, nerviosismo y una extraña sensación interior que le impulsaba a rebelarse contra el orden y la indiferencia que le rodeaba, sacó un cigarro y lo encendió como fuera tenía que calmarse aun había una posibilidad.

Cuando la incomodidad de la silla ya se hacía insoportable, los paseos de ida y vuelta hacia la ventana mantenían el hilo de pensamientos, elucubraciones y paranoias, distrayendo, alimentando y entreteniendo su mente.

Porque lo peor de las esperas no es tanto el tiempo que transcurre sino las múltiples y a veces disparatadas hipótesis que se crean internamente, tratando de justificar la tardanza de la obtención de la repuesta esperada.

Constantes miradas al reloj sin ser capaz de prestar atención a la hora que marcaba precedieron a un repaso mental de las palabras adecuadas para calmar las emociones. En ese instante surgían de las profundidades de la creatividad cientos de formulaciones más adecuadas a la que finalmente planificaría, pero ya era tarde.

Volvió a mirar el reloj y comprendió que mientras la impaciencia fuese menor a la necesidad de saber la verdad, él podría seguir esperando, a pesar de la incertidumbre de no saber si aun el amor de su vida vivía, esa esperanza contenía su primer intento y su última oportunidad.

Ese día reconoció el cadáver de Caridad, ese día reconoció el cadáver de su amada, ese día murió su alma, ese día Andrés no quería seguir viviendo, ese día Andrés trató que su mirada se fijara en un punto inexistente del horizonte tratando de encontrar un recuerdo amable entre tanto pensamiento negativo. Ese día sintió envejecer cincuenta años sin que ninguna arruga se notara en su frente. Ese día la luz del día le molestaba y convirtió a la oscuridad en su compañera de tristezas, desde ese día la comida se convirtió en una necesidad prescindible, porque los gritos no querían salir de su garganta, porque las palabras eran superfluas y corrieron a esconderse en los rincones inexplorados de la mente.

Desde ese día su alma pesa más que los años porque arrastra las ilusiones acumuladas, que de golpe se han convertido en nada, porque el mundo se redujo a cuatro paredes y un corazón. El dolor es tanto que el teléfono se ha quedado afónico y su voz titubeante finalmente enmudece. Su vista no puede dejar de mirar más allá de sus pies y su barbilla encuentra cobijo entre tus clavículas. Porque ya no hay ningún motivo por el que sonreír...

Desde entonces la vida más nunca fue igual.

"Que las verdades no tengan complejos, que las mentiras parezcan mentiras, que el fin del mundo te pille bailando, que nunca sepas ni cómo ni cuándo."
Joaquín Sabina

El duelo

Don Horacio y su familia están destrozados, no hay nada que pueda describir ese dolor, Andrés como Abogado cumplió todo lo solicitado por sus clientes, Andrés jamás dijo nada de su relación con Caridad, debía respetar la memoria de su amada, él solo viviría su duelo.

Cumplieron con todos los ritos y tramites que la fe y la ley exigían, al decimo día Andrés le entregó las llaves del apartamento a Bella y le entregó un cheque por la inversión realizada por Caridad en el negocio de los perfumes, Bella se derrumbó y le dijo "**que hago ahora**" y él le respondió "**seguir viviendo**".

Andrés le dijo a Bella, recuerda lo que Caridad te diría en este mismo instante "**Atesora lo que tienes y disfruta al máximo. La cuestión es ésta. Absorbe la vida. Cuando llegue un momento en el que no se te permita absorber más, pues ya haremos otro planteamiento. Pero mientras puedas, tiene que hacerse así. No te pongas "nos", no te niegues nada. Después quizás no podrás hacerlo, ya hablaremos del tema. Pero tú desde el principio "sí". Desde el principio plantéate que sí. Después ya hablaremos, se matizará, ya lo harás de otra manera, pero de base "sí". Todo. No te niegues nada, el mundo sigue y no parará ni por ti ni por nadie**"

La muerte repentina de Caridad, trajo las mayores de las complicaciones para la familia, nadie sabía qué hacer,

María Mercedes trató de salir del reposo y volver a la empresa, su nivel de estrés era mayor, entre el dolor propio en su condición de ser humano, el verse disminuida y saber que se necesitaba mas personas de confianza la tenían descontrolada, lo cual ya complicaba mas su difícil situación.

Un día salió del ascensor y trato de dar un paso rápido, eso hizo que perdiera el equilibrio y se cayera, inmediatamente su asistente la recogió pero tenía un hematoma muy grande en la cara, la trasladaron al hospital para los primeros auxilios y duró un día de reposo. Trato otra vez de reincorporarse por sus medios porque Ricardo no la apoyaba, para ella el hacer frente a los problemas de movilidad, de incontinencia, mantenerse activa mentalmente, ayudar a su familia y afrontar el día a día con una actitud positiva era su razón de vivir.

Pero la enfermedad no perdona, María Mercedes ha llegado al extremo de sus límites y ha sufrido brotes que han afectado a su pierna derecha, brazo derecho, pérdida de visión total del ojo derecho, pérdida parcial del ojo izquierdo. Tiene afectados los movimientos de ambos ojos, lo cual le provoca mareos y episodios de vértigo con pérdida del control del cuerpo y los sentidos. Últimamente ha sufrido dos lesiones a nivel medular cervical, y ello provoca que la discapacidad aumente, ya no puede más Ricardo la maltrata cada vez que quiere, María Mercedes quiere dejar todo botado pero necesita vivir un poco más, su familia la necesita, La enfermedad le ha permitido sentir a las personas, percibirlas tal como son, desde su esencia, sin juicios, porque sabe que nadie conoce lo que cada quien sufre desde su interior pero ya esta agotada.

Hoy ya no pudo más, María Mercedes le ha pedido a Ricardo que la ayude a asearse y él se ha negado, le ha dicho que así no pueden seguir viviendo, ella llena de molestia le ha pedido que la lleve a casa de sus padres, él accedió le recogió toda su ropa y se la colocó dentro de una bolsa de basura, en un maletín de mano los útiles de aseo personal y la medicina y María Mercedes salió caminando del apartamento que ella mismo compró apoyándose en su andadera.

Ese día comenzó la muerte de María Mercedes.

"La historia me ha enseñado que sólo aparecen los actos heroicos en las derrotas y en los desastres."

ANATOLE FRANCE

El camino

Durante el trayecto a casa María Mercedes solo alcanzó a preguntarle a Ricardo el por qué de su maltrato hacia ella, Ricardo solo en silencio escuchaba, él disfrutaba su momento, tenía un techo, tenía un negocio y ahora que su esposa se quedaba en casa de sus padres podría vivir libremente como un soltero cualquiera.

Al llegar a la casa, Ricardo se bajó y tocó el timbre, al rato abrió Bella y ahí en la puerta había una bolsa negra de guardar la basura junto a un maletín de mano y al fondo se veía a María Mercedes caminando con su andadera hacia la casa, mas nada ella entró al jardín Ricardo prendió el carro y se fue, Bella corrió a ayudarla y María Mercedes llena de lagrimas le dijo "**no puedo mas**", Bella le dijo "**cálmate que todo**

pasa", cuando llegaron a la puerta de la casa, salieron Don Horacio y Doña Isabel y vieron lo que estaba pasando, inmediatamente la ayudaron a entrar y la acomodaron, en ese momento María Mercedes les dijo "**perdónenme, sé que me equivoqué, necesito que me ayuden**" nadie dijo nada, no era el momento para reclamos.

Durante los primeros días Doña Isabel hizo todo lo posible para atender a su hija sin entrar en detalle alguno, un día cualquiera Ricardo apareció con un pan y un jugo, Don Horacio no podía ni verlo, solo su presencia lo molestaba.

Bella hablaba todas las noches con María Mercedes, le hablaba de la empresa de la familia y le decía que todo iba a mejorar.

Don Horacio se convirtió en su eterno compañero, pasaban la tarde juntos viendo televisión y él le leía el periódico, Doña Isabel era la encargada de todo lo relativo a sus tratamientos, terapias y curas.

Un día María Mercedes le preguntó a Bella **¿Cuántos días tengo acá?** Bella le respondió "**han pasado seis meses**" y María Mercedes le dijo "**Ricardo solo ha venido dos veces**" Bella le contestó "**si, solo dos veces**", durante todo el tiempo transcurrido Ricardo no había colaborado con nada, aun cuando él vivía en el apartamento que ella había comprado y vivía del negocio que ella había creado, al rato María Mercedes le pregunto a Bella por Andrés y ella le dijo que se veían poco que ya no tenían nada en común, María Mercedes le pidió a Bella que le llamara a Andrés que ella quería hablar con él.

Bella llamó a Andrés y le explicó la situación, él aceptó ir, más que por trabajo por la promesa que le había hecho a Caridad, una tarde cualquiera aprovechando que Doña Isabel y Don Horacio no estaban Bella planificó el encuentro, al llegar Andrés no pudo disimular en su cara la impresión que le causó ver a María Mercedes en ese estado, no era ni lo mas cercano a lo que su memoria le recordaba, María Mercedes lo observó y en lo poco que podía ver notó lo que sucedía, como pudo con su mano le señaló que se sentara a su lado y él accedió, por cortesía le preguntó acerca de cómo estaba y una que otra trivialidad, ella respondía animadamente hasta que de una le digo "**Andrés me quiero divorciar de Ricardo**" él la miró y le dijo "**estás segura de eso**" y ella le dijo "**sí**" Andrés le dijo "**hay cientos de** abogados que pueden ayudarte con eso, ¿Por qué debo hacerlo yo?" ella le dijo "**tú eres de la familia y aunque me cueste aceptarlo eres de los mas capaces que existen, ayúdame por favor, no lo hagas por lo que existió entre Caridad y tú ni por mis padres hazlo por mí, protégeme como lo hiciste el día de la fiesta**" Andrés se puso de pie la observó y miró a Bella que en silencio veía lo que pasaba y le dijo "**si lo voy a hacer**" de una vez le preguntó datos acerca del matrimonio y que habían adquirido durante el tiempo que duraron casados y le dijo que iba a comenzar a estudiar para darle una solución, Bella que había estado callada toda la reunión le dijo "**Cuanto son tus honorarios**" y él le respondió "**nada, solo por el placer de hacerlo**".

Andrés iba conduciendo su vehículo él sabía que no iba a ser fácil la pelea, la ley no permitía un divorcio así, Ricardo con todos sus errores no había dado motivo para el divorcio, la que había dado motivo era María Mercedes al haber abandonado el hogar, por otro lado María Mercedes no estaba en condiciones de asumir un proceso muy largo su salud no se lo permitiría.

Esa noche Bella conversó con sus padres de la decisión de María Mercedes pero les pidió que no le comentaran nada, ella debía enfrentar eso sola con la mayor de sus fuerzas era el momento de unirse.

Así siguió pasando el tiempo hasta que un día María Mercedes sufrió un nuevo brote que la ha dejado completamente imposibilitada de hablar solo puede mover sus ojos, logra entender pero no hay forma de que ella se exprese ante el mundo exterior, solo su mente sabe lo que pasa.

Don Horacio cumplió años, ese gran hombre era todo en ese hogar, era el creador de lo conseguido y el dueño de sus vidas, hombre intachable, líder único, persona ejemplar, nadie podía hablar mal de él, luego de un buen rato en familia, él, su señora y sus dos hijas se fueron a dormir quedando en que seguirían conversando y riéndose al otro día, al otro día no pudieron conversar, esa noche Don Horacio sufrió dormido un infarto fulminante.

Las exequias se realizaron en la mayor intimidad posible y sin que María Mercedes se enterara, nadie sabía si tendría el aguante para soportar tan difícil y penosa situación.

Una vez finalizados los ritos propios de su religión, Bella y Doña Isabel se reunieron a revisar documentos a fin de iniciar los trámites sucesorales, hallándose con la sorpresa de que María Mercedes muchos años antes de cualquier historia, había sido designada por su padre como responsable de administración del patrimonio de Don Horacio, eso implicaba una nueva estrategia, habría que hablar con Andrés de esta nueva situación.

Bella como pudo logró abrir la caja fuerte de la empresa, ahí estaba el testamento y los papeles de María Mercedes, allí fue cuando Bella entendió que el Apartamento donde vivía Ricardo, el carro que usaba Ricardo y el negocio donde trabajaba Ricardo eran de María Mercedes, ese día por primera vez perdió la calma que la caracterizaba y agarró el teléfono y llamó a Ricardo diciéndole todo lo que se le ocurrió, ese día le recordó que él no era nada y que lo que era en ese momento era gracias a María Mercedes, eso solo lo sabían Ricardo, Bella y Doña Isabel.

La muerte de Don Horacio complica la situación legal de María Mercedes, Andrés junto con Bella planifican la estrategia, mas que un divorcio contencioso concausal presentaran una solicitud de Divorcio por desafecto como interpretación a una de las causales, aunque nadie lo había intentado no estaba prohibido hacerlo, buscando que se le garantizara sus derechos Constitucionales relativos a la libertad y el libre desenvolvimiento de la personalidad, quedaron en presentarla al día siguiente.

Después de un proceso que duró dieciocho meses con dos Jueces conociendo en Instancia, con Ricardo oponiéndose con todos los recursos con los que contaba a su favor y con una María Mercedes cada vez mas deteriorada físicamente el Tribunal Supremo de Justicia oyó los pedimentos realizados y decidió "**Entiende esta Sala de este Máximo Tribunal que al realizar esta innovadora interpretación constitucionalizante de la norma en referencia, basada en el derecho al libre desenvolvimiento de la personalidad, en la que se concibe el consentimiento como base nuclear del vínculo jurídico que se produce con el matrimonio, debe ser extendida también a una nueva exégesis de las causales ya existentes, que conduzca a una** flexibilización de lo que hasta ahora debía ser tomado en cuenta para considerar demostrada la causal e incluso para aplicar la doctrina del divorcio solución, pues ahora no se exige para ello la demostración de una de las causales que taxativamente contempla la referida norma, siendo que la evidencia en autos de la ruptura de la vida en común en sí misma y/o el incumplimiento de los deberes que se deben los cónyuges entre sí, constituye causal suficiente para declarar el divorcio, con independencia de quien haya dado origen a estos hechos.

En el caso sub iudice ha quedado evidenciado que el deber de cohabitación al que están obligados ambos cónyuges se ha visto absolutamente quebrantado, pues

la pareja unida en matrimonio no mantiene ninguna comunicación, ni existe ningún tipo de cohabitación, lo cual sin duda alguna refleja la separación de hecho entre ambos esposos.

En consecuencia, si bien no quedó demostrada la causal de excesos, sevicias e injurias que imposibilitan la vida en común, sí se encuentra acreditada en autos una evidente ruptura de la vida en común desde hace años hasta la presente fecha, que impone la necesidad de proporcionar una solución en derecho que enaltezca la justicia, a la situación fáctica que se ha presentado. Lo que amerita que con independencia de cuál de los cónyuges dio origen a dicha ruptura, se garantice el libre desenvolvimiento de la

personalidad y la tutela judicial efectiva a quien ha acudido ante el sistema de justicia a fin de extinguir legalmente el vínculo matrimonial que ya de hecho ha terminado" declarando la disolución del vinculo matrimonial que existió entre Ricardo y María Mercedes.

Esa noche en la intimidad de su hogar cenaron muy ligeramente Andrés, Bella y Doña Isabel junto a María Mercedes y con un vaso de limonada celebraron el triunfo que habían obtenido.

Al momento de retirarse Andrés le dice a Bella "**lo hicimos**" y Bella le dice "**recién empezamos**" él no entendió la respuesta lo que si le dijo es mañana conversaremos.

Andrés había olvidado que debía conversar con Bella, cuando repicó el teléfono, para su sorpresa era ella quien después de los saludos normales, le dice **"Qué vamos a hacer"** y él le responde **"con qué, ya el divorcio salió ya no hay mas de que hablar"** y ella le dice **"la partición de la comunidad de bienes"** y él sorprendido le dice **"bienes no hay ellos no adquirieron nada casados"** y ella le contesta **"tenemos que hablar"**, cuadraron una cita y almorzaron juntos, ella le explicó la situación y él le dijo **"yo no me acordaba de eso"** y Bella le respondió **"yo lo sé"** quedando ambos de acuerdo en sentarse a estudiar para buscar una solución al asunto.

María Mercedes empezó arrastrando los pies pero el avance degenerativo de la enfermedad ha sido muy rápido y cruel. Vive como un vegetal en una cama. Solo puede mover el cuello y la cabeza. Bella dice que en estas condiciones no merece la pena vivir", María Mercedes ha tirado la toalla y para ella la vida no tiene sentido, no hay esperanza ninguna y cada día es una tortura". Vivir si se puede decir así como le está tocando a María Mercedes es completamente inhumano y de una sociedad salvaje, ella necesita ayuda hasta para rascarse la mejilla. Además de paralizarle el cuerpo, la enfermedad le provoca terribles dolores que calma con morfina cada tres o cuatro horas, su estado se agravó y tiene muchas dificultades respirar. Duerme conectada a una máquina porque "morir asfixiado es muy duro". Bella entre sollozos comenta que el sufrimiento emocional en su hermana es tan devastador como el físico. "**Esto es peor que una cárcel, esto es una cárcel dentro de su propio cuerpo, lo único que le funciona es el cerebro al que**

todavía no le ha atacado la enfermedad".

El día a día de María Mercedes transcurre entre las cuatro paredes de su salón, con su familia, ,en su cama de hospital que dispone de dos sensores en la cabecera que le permiten subirla o bajarla. Al lado de la cama, agua y pañales para que Doña Isabel y Bella la aseen.

La enfermedad va acabando con las transmisiones nerviosas y con la visión y el oído, afectados, sin poderse tener en pie, sin poder asearse o comer por sí sola, incapaz de escribir, teclear o usar un utensilio, sin casi poder tragar o habla, para Doña Isabel parece que fuera ayer cuando María Mercedes en medio de un brote le dijo "**No quiero dormirme, quiero morirme**", jamón, queso medio kiwi y un poco de te sin cafeína es lo que recibe en la mañana, cuando parece que los músculos de la garganta están algo más relajados, en el resto del día, por más que lo intentan no logran que coma mas nada, solo algunos suplementos alimenticios pero mas nada.

Hoy temprano llegó Andrés a la casa, Bella y Doña Isabel le informan que María Mercedes cada vez está peor, su condición empeora a cada instante, él como siempre caballeroso se acerca a María Mercedes y le dice "**aguanta solo unos días mas por favor**", él les explica la estrategia a las tres y en razón de que ninguna dijo no, se pone manos a la obra.

Andrés presenta a Ricardo la demanda de partición, señala como bienes de la comunidad conyugal "la Bodeguita de Ricardo" y las prestaciones sociales de María Mercedes como trabajadora de la empresa familiar, en el Tribunal quien llega con su Abogado, Ricardo le dice "**tú sabes que hay mas**" y Andrés le responde "**El apartamento y el carro fueron adquiridos antes del matrimonio, son bienes propios de María Mercedes, el resto si hay que partirlo entre los dos**" y Ricardo le dice altaneramente "**Y la herencia de Don Horacio?**" Andrés le respondió "**a ti no te toca nada ahí, usted en ese caso no tiene vocación hereditaria**" Andrés le presenta el escrito y Ricardo junto a su Abogado lo leen, dicen que lo van a analizar y que en veinte minutos le harán una propuesta, pasado mas de media hora vuelve Ricardo con su abogado y le dice "**Para mi la Bodeguita de Ricardo, que ella se quede con sus prestaciones y

firmamos mañana mismo" Andrés le responde "**perfecto, me entregas las llaves del carro y del departamento mañana al momento de la firma y lo hacemos**" Ricardo como siempre sobrado y soberbio le contestó "**no se preocupe yo no necesito eso**" todos acordaron que al otro día en la mañana firmarían en el Tribunal.

Ricardo comienza a recoger sus cosas, su soberbia y el orgullo no le permitieron ver que desde el día que engañó y se burló de María Mercedes había muerto su dignidad, él siempre creyó que el dinero era todo y nunca entendió que la soberbia no tiene perdón de Dios y que Dios ciega al que va a perder.

Andrés se traslada a la clínica donde está recluida María Mercedes, allá le informa a Bella y a Doña Isabel lo que se iba a hacer y ellas aceptaron, sin decirles para que no se preocuparan que él tenía un As bajo la manga, María Mercedes conectada a un respirador ya no sabía lo que estaba sucediendo.

Andrés le pide a Bella que le entregue el Testamento de Don Horacio, ella duda pero Doña Isabel le dice **"entrégaselo acá lo que valía la pena ya se perdió"** Bella se lo entrega junto con un sobre que María Mercedes había dejado sellado para Ricardo y que debía ser entregado en ese momento y le dice **"Andrés ahí está el testamento cuídalo mucho es el único que tengo"**, Andrés se despide, tendrá una noche larga.

Heme aquí, ya al final, y todavía no sé qué cara le daré a la muerte.

Rosario Castellanos.

Luchando contra los demonios

Andrés llegó solo a su nuevo departamento, desde que se mudó de donde vivía con Caridad no había desempacado completamente, dormía en un colchón y solo tenía una nevera y una pequeña hornilla, la ropa la tenia guindada y así como la retiraba de la lavandería así la usaba, no tenia espejos ni radio ni televisor, su vida había perdido mucho en muy poco tiempo.

Como todos los días desde que ella no estaba, daban las 12am y el seguía sin poder dormir, encerrado en su habitación, viendo al techo una y otra vez una y otra vez mientras pintaba entre lagrimas uno de sus tantos recuerdos. Lentamente los recuerdos embargaban su memoria, cada caricia, cada palabra, cada mirada, una a una las noches que vivió junto a ella observando la luna... y de pronto volvía la expresión de dolor en su rostro, aquella que lo acompañaba durante toda la madrugada, mientras trazaba el plan del otro día empezaba a llorar y a matar su recuerdo.

La herida aun estaba abierta, su corazón seguía lleno de resentimiento pese a que ya habían transcurrido mucho tiempo desde que descubrió la cara de la muerte robándole a su amada. Desde ese día en su intimidad se encerró en su vida, acompañado solo de sus recuerdos, haciendo su propio mundo, alejándose de todo y de todos, porque solo los que luchan contra sus demonios internos son auténticos y humanos.

Después de medianoche buscó una botella de Ron, un Cohiba y la botella de

Chanel N° 5 que le había regalado a Caridad, a su lado tenía una caja llena de papeles con un sobre rosado donde guardaba todas la cartas y notas que Caridad le había enviado y sobre el mesón de la cocina el testamento de Don Horacio.

Se sentó en el balcón y aunque hacia mucho frio, comenzó a beber y a fumar, releyó cada una de las cartas y notas que su amada le había enviado y en soledad sus lagrimas comenzaron a salir solas y a bajar por sus frías mejillas, en la medida que iba leyendo las iba colocando en un pequeño recipiente y cada cierto tiempo colocaba algo de Chanel N° 5.

A punto de amanecer sin ebriedad pero lleno de dolor, cuando la noche, vencida por su peso sucumbe a la ligereza de la mañana. En el momento en el que la calma despierta, la tierra se calienta y la claridad lo baña todo con su ímpetu. Ahora que su cuerpo se apoya sobre la pared de la ducha, soporte de su reposo hasta que la luz del sol limpie todo vestigio de cansancio.

Es cuando entre los devaneos de su mente en busca de evitar un sueño reparador, se hace presente su necesidad de que la verdad prive sobre la ley impidiéndole cerrar los ojos y emprender el placentero viaje por el libre albedrío de su mente. Mirando por la ventana imagina que la ultima luna es un espejo y que puedo verle a través de su piel, protegida entre las sábanas, descansando su cabeza sobre la almohada y con esa sonrisa que seguro no desaparece ni mientras duermes.

¿Será mañana cuando despierte el día en el que sus ansias se vean nutridas con la satisfacción de la esperanza cumplida, cuando la paciente prudencia libere su parte menos cohibida y se decida a cruzar la línea que distingue entre valientes y cobardes?

Ahora que empieza a desvariar se da cuenta de que no durmió bien, que debe terminar lo que empezó y debe acabar con lo que ya no está, pues más vale un corazón herido que uno indoloro.

Sale de la ducha, no ha dormido en toda la noche, busca el testamento de Don Horacio y lo corta en tiras y lo coloca en el mismo recipiente donde están las cartas, agarra el resto de chanel N°5 y lo echa encima, con un fosforo lo prende y todo comienza a hacerse cenizas, no hay el menor remordimiento ni arrepentimiento.

El viento gira en torno nuestro, gira, ¿qué dices? Digo:
Andaré este largo camino hasta mi final... hasta el final.
Mahmud Darwish

El que va a perder.

Seis de la mañana, repica su móvil, es Bella, algo le dice que no conteste, está tomando un café negro sin azúcar, se coloca traje negro, camisa blanca y corbata roja, está claro hacia dónde va, no hay nada que lo puede detener, tiene que ir por todo o por nada.

Siete y media de la mañana, Bella insiste por ante el teléfono, él no contesta, él sabe lo que pasa es mejor no hablar, ya no es tiempo de arrepentimientos, ni de echarse para atrás ni tampoco tiene paciencia para estar escuchando necedades.

Ocho de la mañana Ricardo junto con su abogado están en la puerta de la sede de los Tribunales, Andrés le presenta el borrador, ambos lo leen, era lo acordado, Andrés lo guarda nuevamente en su maletín.

Todos van caminando y Ricardo le dice "**Andrés yo se que te gustaba María Mercedes pero yo me quedé con ella, luego con Caridad pero se murió que vas a hacer ahora, seguro te vas con Bella o Doña Isabel**" Andrés lo miró y sonrió sin decir nada mas, siguieron caminando y entraron al Tribunal, Andrés sacó un sobre con el documento, explicaron al funcionario actuante la razón de su presencia allí y procedieron a entregarle los documentos, que parecían con mas volumen que la vez anterior, en ese instante el funcionario Tribunalicio lo leyó, verificó todos los datos y les preguntó "**¿Conocen el contenido del documento?**" y Ricardo arrogante y soberbio como siempre le contestó "**sí, si lo conocemos, lo único que queda por repartir es a Bella y Andrés se quedará con ella**" todos volvieron a reír, el Abogado de Ricardo le dice "**vamos a leerlo por si te quieres arrepentir**" y Ricardo le responde " **no tranquilo yo ya conseguí lo que quería**", el funcionario actuante les volvió a preguntar "**están seguros**?" y todos respondieron positivamente, en ese momento se procedió a verificar y controlar identificaciones y observó cuidadosamente que cada parte actuante estampara correctamente su firma y al suceder eso, les dijo "**Perfecto esta ya tiene carácter de cosa juzgada y las estipulaciones realizadas por ustedes son irrevocables e inapelables y de obligatorio cumplimiento para todos a partir de este momento**"

Andrés les dice "**Ricardo debo entregarte este sobre**" Ricardo lo recibió y era una carta hecha por María Mercedes ya un tiempo atrás antes de que su condición empeorara.

Ricardo la guardó en su bolsillo, la leería después.

Todos salieron del despacho y se despiden, en ese momento Andrés tomó su móvil para informarle a Bella que todo había terminado, pero en ese instante se acerca Ricardo y le dice "**Andrés suerte con Bella pero cuidado porque a ella le gustan las mujeres**", Andrés revisaba su móvil por un mensaje que le había llegado tratando de calmarse y mirándolo desafiantemente a los ojos le dijo "**muerto el perro se acaba la rabia, Ricardo el día que uno se rasga las vestiduras por algo, caen todas las**

creencias y se pierden los miedos, muerto el ego, desaparecen los deseos y se acaba el dolor" Ricardo no entendió el mensaje pero se fue preocupado.

Al quedar solo Andrés llamó de una vez a Bella y antes que Bella dijera algo le dijo "**lo siento Bella te acompaño en tu pena, todo salió bien ya voy para allá**" y colgó el teléfono, el mensaje que Andrés leía cuando Ricardo lo interrumpió decía que María Mercedes había muerto a las cinco de la mañana de ese día.

Andrés llegó a la clínica, Doña Isabel y Bella estaban sumamente desconsoladas pero tranquilas, ambas habían hecho todo lo que había estado a su mano por el bienestar de María Mercedes, conversaron y ambas preguntaron que como había terminado todo, él les dijo "**hago algo y les informo**" y entró a la sala de médicos.

Cuando salió de la sala, lo hizo con una sonrisa de satisfacción y les dijo "**ahora si María Mercedes descansa en paz**", las dos lo miraron extrañadas y él antes de que le dijeran algo les dijo "**Los médicos colocaron hora de la defunción diez de la mañana, lo que hicimos en el Tribunal tiene pleno valor porque al momento de presentar el documento por ante el Tribunal aun estaba viva**" ellas no sabían que pensar, él les dice "**Ricardo no va a quedarse con nada de María Mercedes porque al ella fallecer el poder que tenía para administrar la "Bodeguita de Ricardo" pierde efecto y él en el documento que yo cambié antes de entregárselo al funcionario reconoció que renunciaba a las Prestaciones** sociales de María Mercedes y que él era un simple apoderado en la Bodeguita"** las dos mujeres sintieron un alivio pero antes de que dijeran algo, Andrés les dijo **"solo les tengo una mala noticia, el testamento de Don Horacio se quemó"** Bella de una lo interrumpió y le dijo **"que importa igual se pide una copia y Ricardo si se entera podrá reclamar la parte de María Mercedes en la herencia de mi padre"** y Andrés le dice **"te equivocas de eso no hay copia porque el poder era reconocido y solo existía un ejemplar del que no se emiten copias, ustedes son las únicas y universales herederas a Ricardo no le toca nada "** los tres se abrazaron y se rieron, todos los extraños los miraban desconcertados, estaban en una morgue y ellos tres se abrazaban de felicidad en un sitio lleno de dolor y tristeza porque por primera vez en mucho tiempo tenían buenas noticias.

Andrés se despide, les dice que luego conversaran, Andrés camino a casa va pensando que ya han pasado varios años, cada vez con mayor rapidez unos de alegría y otros de dolor, ahora lo que tiene que ir haciendo es quitando hojas del calendario que va dejando caer poco a poco. Al principio habían muy pocas y tardaban en llegar al suelo. El correr del tiempo es lento. Todos se fueron haciendo mayores casi sin notarlo, la vida le enseñó con claridad que esas hojas arrancadas van tardando menos en llegar abajo, y eso es normal, la montaña que se acumula a sus pies es ya bastante alta. Cada cierto tiempo echa la mente atrás y, en este caso concreto, parece que hace un rato que Andrés llegó a esa tormenta y no supo cuando terminó, y recuerda que en estos años que han pasado, ocurrieron muchas cosas. Seguro está que al principio cometió muchos errores y seguro que al día de hoy los seguirá cometiendo, pero seguro está que la vida es una sola y que la vida hay que disfrutarla...

"Y una vez que la tormenta termine, no recordarás como lo lograste, como sobreviviste. Ni siquiera estarás seguro si la tormenta ha terminado realmente. Aunque una cosa si es segura, cuando salgas de esa tormenta, no serás la misma persona que entró en ella".

Haruki Murakami

La carta.

Desde el inicio de la vida de casados entre Ricardo y María Mercedes existieron muchas desavenencias, María Mercedes era un mujerón era mucha inteligencia, mucha belleza y mucha clase reunida en una sola persona, Ricardo era un mal agradecido con las oportunidades que le daba la vida, él nunca había valorado nada y no tenía que ser diferente con ella, el verla surgir y que él siempre estaba a su sombra le había causado un sentimiento de rencor que sus actos le impedían disimular.

De Don Horacio aprendió el arte de ser desconfiada y esa sin decírselo nunca a Ricardo la aplicó sigilosamente.

Las personas muy altas en la escala de soberbia como lo era Ricardo son las únicas personas que, con el tiempo, parecen más y más saludables en una relación, mientras que la víctima parece cada vez más enferma y, a simple vista, muchas veces las personas no lo entienden y no pueden darse cuenta de lo que está sucediendo y debido a eso, la víctima termina siendo abusada emocionalmente durante años y años y luego recibe abuso secundario por parte de personas que no entienden lo que está sucediendo y que piensan que el problema radica en esta persona porque sus síntomas se ven tan claro.

María Mercedes cuando comenzó su relación estaba saludable, en forma, hermosa, exitosa, rodeada de amigos, feliz, realizada y llena de vida, resplandor, energía, amor y pura alegría. Se despertaba cada mañana amando la vida y sintiéndose lista para todas las aventuras de la vida.

Cuando esta relación comenzó a terminar ella estaba enferma y llena de tristeza, miedo, ira, duda y confusión. María Mercedes no tenía idea de cómo una mujer educada, súper exitosa, extremadamente amorosa y cariñosa, aparentemente "despierta", hermosa había permitido tanto, lo que pasa es que en su afán de una felicidad a la fuerza, había obviado valorar las señales del destino, señales que siempre estaban allí, pero no sabía que esas señales eran su perdición.

Cuando comenzaron a salir tenían una gran cantidad de sexo. Todo su cortejo se basó en el sexo y durante los primeros tiempos de su vida amorosa, tuvieron relaciones sexuales cada vez que se vieron. Sin fallar. La mayoría de las veces fue al menos dos veces al día, a veces tres y cuatro veces.

María Mercedes llegó a pensar que esto era AMOR, CONEXIÓN e INTIMIDAD! Se sintió como una mujer buena, sintió que él ganó el premio gordo en el departamento de sexo! Nunca dijo NO al sexo, excepto cuando no me sentía bien o demasiado cansada, lo cual era raro al principio.

Pero el NO siempre fue seguido por la culpa porque generalmente le dejaba saber lo decepcionado que estaba con ella si decía NO. Esto fue muy sutil: tratamiento silencioso durante las próximas horas, hombro frío, miradas decepcionantes, viajes de culpabilidad con declaraciones como "no hemos tenido relaciones sexuales en mucho tiempo" (a pesar de que solo habían tenido relaciones sexuales unos días antes).

Ellos Viajaron mucho, hicieron largas caminatas y paseos en bicicleta, salieron a cenar y tuvieron grandes conversaciones, se tomaron de la mano y se besaron y se acostaron juntos y se despertaron juntos, planearon su futuro. Pero luego sucedió algo después de que ella enfermó. El hombre que conocía había desaparecido. Era como si algo se hubiera apoderado de él y lo poseyera y él nunca volvería. Incluso la mirada en sus ojos cambió, su comportamiento parecía diferente, ya no tenía una sonrisa en su rostro o alegría en su paso.

Nunca entendió cual fue la razón, pero el hombre amoroso, amable y afectuoso que conoció ahora era un hombre enojado, resentido y amargado que odiaba a la familia que era impaciente y que no quería tener nada que ver con nada.

Un día ya enferma la miró y le dijo: "**Tengo algunos sentimientos que quiero compartir contigo. Mi deseo sexual está por las nubes. Quiero tener sexo con todas las mujeres que veo. Todo en lo que**

pienso es en el sexo y este es un sentimiento muy nuevo para mí".

Inmediatamente, comenzó a imaginarlo con ganas de tener relaciones sexuales con todas las mujeres que veía y su mente comenzó a crear todo tipo de situaciones desagradables.

En ese momento María Mercedes le preguntó: **"Entonces, cuando quieres tener sexo con todas estas mujeres y eliges no hacerlo porque estás casado conmigo, ¿qué haces con todo eso**?"

Estaba tan herido y él se enojó con ella por sentirse herido. Dijo que un esposo debería poder decirle a su esposa todo y estaba decepcionado de ella por no "manejar esto bien".

Entonces, en lugar de que su conducta sea el problema, de repente la forma como reaccionó María Mercedes fue el problema. Ese día entendió que los soberbios culpan de todo a los demás.

Una vez, hacia el final de su matrimonio, cuando estaba tan enferma que ya no podía manejar su negocio ni la empresa familiar, se planteó la idea de que él obtuviera un trabajo que pagara mejor para que no tuviera que preocuparse por el trabajo y él dijo: "**No me importa una mierda el dinero. Prefiero hacer lo que amo y ser pobre que tener que trabajar en un trabajo que no amo** ".

Ricardo en todo lo que se enfocaba todos los días era en los no. Es como si tuviera amnesia selectiva y no recordará el hecho de que ella lo apoyó tanto.

Existieron tantos escenarios, conversaciones y situaciones que insinuaban que es un soberbio absorto en sí mismo y que estaba siendo abusada emocional y mentalmente. Pero siempre lo justificó diciendo que estaba teniendo un mal día o que no estaba contento con su carrera o que estaba momentáneamente enojado por algo que ella había hecho.

Una vez cuando le pidió que fuera a caminar con ella por la mañana porque se sentía un poco mareada. A regañadientes fue, le dio el tratamiento silencioso todo el tiempo y al final de su caminata dijo: **"Espero que no esperes que vuelva a hacer esto. No tengo 80 años. Solo las personas mayores salen a caminar por la mañana"**

O el momento en que María Mercedes estaba vomitando y estaba tan enferma que no podía levantarse del sofá. Le pidió que se sentara con ella un poco hasta que se sintiera mejor y vacilante dijo que sí. Unas horas más tarde le dijo que había "perdido" su tiempo sentado en el sofá con ella.

Estaba tan incómoda ante la idea de envejecer con él. Ricardo se burló de cada nueva arruga, estría, cabello gris, libra extra o sujetador cómodo y ropa interior que llevaba. "**Esos son para personas mayores**", decía. No podría mostrar líneas de bragas o quedar sin sujetador sin una mirada o comentario. "**Te estás poniendo cómoda, ¿no? Esa no es una apariencia sexy**". Y se reía, esperando que le diera la pista de que en ese momento no se encontraba sexy o atractiva y que su necesidad de ropa cómoda en la casa algún día lo haría perder el rumbo.

María Mercedes aprendió que nada de eso es real cuando se está en una relación con un soberbio. El amor no es real, la intimidad no es real, el compromiso no es real. Todo es un acto para que el soberbio pueda obtener lo que quiere y necesita. Y cuando ya no lo quiere o lo necesita, la descarta.

Y eso es exactamente lo que sucedió. Cuando sacó todo lo que pudo de María Mercedes y cuando ya no pudo darle nada porque estaba tan enferma que estaba en andadera, él le hizo las maletas y la dejó en casa de sus padres.

Ese día María Mercedes se sintió traicionada, se sintió desechable. Se sintió no amada. Se sintió confundida. Se sintió triste. Se sintió enojada.

El día que llegó a casa de sus padres y la dejaron botada como se bota una bolsa de basura, María Mercedes Sintió tanta vergüenza. Sintió que le había dado todo a este hombre hasta el punto en que se abandonó y cuando más lo necesitaba, se fue. "**Ya no me atraes y no puedo evitarlo**".

Y ese fue el final de la discusión. Y su matrimonio. María Mercedes no se fue antes porque pensó que cada pareja pasa por esto y cada esposa siente que su esposo no se preocupa tanto por ella como él o su trabajo. No se fue porque estaba tan acostumbrada a ser humillada que se convirtió en su nueva normalidad. No se fue porque el abuso ocurrió tan lentamente que no sabía que estaba siendo abusada.

Ese día, cuando Ricardo la dejó tirada en casa de sus padres, María Mercedes con sus últimas fuerzas dio instrucciones a su hermana que solo el día que muriera le entregara un sobre que contenía la carta que con el corazón herido le había escrito y que decía:

"Ricardo:

Hoy, en esta fría habitación y con aquella canción de fondo. Hoy que me has dejado botada en casa de mis padres, me cansé de tus maltratos. Hoy, que el cielo luce triste y los cristales están empañados... hoy acepto el final. Corrí de prisa para no ver morir lo nuestro. Corrí, y puse todo mi esfuerzo, toda mi energía. Corrí contigo en la espalda, contigo en silencio, contigo pero sin ti. Y no me detuve a pensar qué caso tenía ¿por qué debía yo, correr por los dos? ¿Por qué arrastraba nuestra historia a una meta a la que tú no pretendías llegar?... y me cansé. Me cansé de ser quien lo diera todo, de ser quien llorara, de ser quien diera todo. Me cansé de esperar una muestra mínima de interés, que no fuesen aquellas palabras vacías que repites cada día y cada siempre. El desgaste físico seguro lo ha experimentado cualquiera, sentir que te falta el aire y ver gotas de sudor cayendo al suelo... pero, ¿y el desgaste emocional? Seguro este muy pocos lo conocen, seguro pocos lo han experimentado realmente. Con el desgaste emocional no te falta el aire, sino que te falta un motivo para respirar. Con el desgaste emocional no es sudor lo que cae al suelo, sino lágrimas, y después de tanto llorar, la tristeza se mantiene guardada en el pecho.

Lo siento, pero ya no estoy dispuesta a esperar que algún día cambies, que algún día dejes atrás todo aquello que sabes que me lastima y te propongas a caminar de mi mano, en lugar de verme morir poco a poco. Lo siento, pero esta noche me desprendo de tu aroma, me desprendo de tus gestos y de tu presencia. Hoy me desprendo de ti.

Me cansé, y ese es el único y suficiente motivo. Me cansé de esperar algo que jamás sucederá y de esperar palabras que nunca dirás. Me cansé de las excusas que últimamente colocabas para atenderme, de los besos que nunca me diste por mi enfermedad, de los abrazos que se quedaron en el aire, de los mensajes que no me llegaron porque jamás los escribiste. Y me agoté de ver cada noche a la luna tan triste, de ver los autos pasar mientras te esperaba en el departamento, de sentir un nudo en la garganta cada que una canción me hacía pensar en ti, de las veces que te supliqué luchar conmigo, de las llamadas telefónicas que no querías contestar porque no deseabas hablar, de tu cinismo, de tu indiferencia, de ti.

Y me cansé también de sentirme tan sola incluso estando a tu lado. De los besos que sí me diste, pero no terminaban en una sonrisa como solía ser. Y yo solo te miraba tan distante, que quizá si te tocaba podías desaparecer. Me cansé de amarte... y ya no hay vuelta atrás, ya no hay remedio, ya no hay nada que puedas hacer. El tiempo de los dos expiró y lo decretaste con tu actitud. Corrí por lo nuestro, pero la vida me obligó a cambiar de rumbo. Ya no eres tú, mi meta. Ya no es lo nuestro lo que me inspira a seguir. Espero que no te arrepientas por todas las oportunidades que te di e ignoraste. Espero que no te arrepientas por todas aquellas noches en que me dejaste llorar y no hacías nada por impedirlo. Tan solo espero que cuando mires atrás, no te arrepientas por haberme dejado ir tan fácil. Me cansé de ser yo quien amara más, y en honor a todo ese amor... hoy te digo adiós.

María Mercedes.

P.D

Nunca desafíes a una persona que no tiene nada que perder, porque cuando lo pierde todo, también

pierde el miedo. Suerte ahora juego yo.

No es lo mismo llamar al diablo que verlo llegar.

Anónimo.

www.ingramcontent.com/pod-product-compliance
Lightning Source LLC
Chambersburg PA
CBHW031818170526
45157CB00001B/104